KB212601

스스로의 정석을 만들어가시는

소중한 _____에게 응원을 담아

지금 처음 이 책을 만나신 새로운 독자님도 반갑고요,
이 책을 이미 가지고 있는데 다시 만나주신
의리 있는 독자님도 너무나 반갑습니다.
'표지만 바꾼 것 아니야?' 하실까봐
'특별판'에서 더 새로워진 부분을 알려드릴게요.

더한 것!

이론: 기존 10가지 기획 습관을 적용하기 더욱 쉽도록
세부적으로 21개로 보완했어요.
사례: 크고 작은 실제 기획 사례를 26가지 추가했어요.

바꾼 것!

기존 사례와 이론 가운데 50%를 과감히 교체했어요.

지킨 것!

기획을 시작하는 분들을 위한 진심 어린 응원의 에필로그
그리고 나의 흑역사들.

애정과 관심에 감사드립니다.
특별판에 감사를 담아
박신영 올림

시리즈 20만 부 기념 특별판

기획의 정석

기획의 정석
시리즈 20만 부 기념 특별판

초판   1쇄 발행 2013년 5월 10일
초판 108쇄 발행 2022년 4월 14일
특별판 1쇄 발행 2022년 6월 26일
특별판 9쇄 발행 2024년 9월 15일

지은이 박신영
펴낸이 오세인 | 펴낸곳 세종서적(주)

주간 정소연 | 편집 한진우 유지현
표지 디자인 석윤이 | 본문 디자인 프름디자인 | 본문 일러스트 정민영
마케팅 조소영, 유인철 | 경영지원 홍성우
인쇄 천광인쇄 | 종이 화인페이퍼

출판등록 1992년 3월 4일 제4-172호
주소 서울시 광진구 천호대로132길 15, 세종 SMS 빌딩 3층
전화 (02)775-7011 | 팩스 (02)776-4013
홈페이지 www.sejongbooks.co.kr | 네이버 포스트 post.naver.com/sejongbook
페이스북 www.facebook.com/sejongbooks | 원고 모집 sejong.edit@gmail.com

ISBN 978-89-8407-984-7 (03320)

기획의 정석

박신영 지음

★ 시리즈 20만 부 기념 특별판 ★

기획을 시작하는 사람들을 위한
10가지 습관

세종

덕분에 삽니다

태초에 하나님이 천지를 창조하시니라.

- 「창세기」 1장 1절

최초이자 최고의 기획자이시며, 나의 삶을 기획하시는 하나님께 감사드린다.

내 인생 선물, 남편과 딸에게 감사하다. 늘 따뜻한 격려로 함께해 주시는 가족, 친구에게 감사하다. 아무것도 모르던 나에게 가르침을 준 전 직장 제일기획과 폴앤마크 선배님들께도 감사드린다. 현장에서 10여 년간 한결같이 함께해주시는 유쾌한 교육 담당자님과 매일 강의장에서 만나는 학습자님들께도 감사드린다.

책이 존재할 수 있도록 도와주신 분들이 너무 많다. 2013년에 탄생한 책이라 출판사의 많은 담당자를 거쳤는데 한 분 한 분 감사드린다. 책 쓸 때는 늘 대외비나 저작권 이슈로 실제 쓰고픈 걸 못 쓸 때가 있는데 예시 공유, 인용을 허락해주신 분들께 감사드린다.

무엇보다 독자님들께 감사하다. 특히 따뜻한 리뷰와 시선으로 저를 안아주시고 다독여주신 분들께 진심 다해 감사를 전한다.
홀로 할 수 있는 일이 뭐가 있을까?

덕분에 삽니다.

박신영

지금 기획 시발점에 있다면

팀장님은 오늘도 너무 쉽게 말씀하신다. "내일까지 아이디어 생각해 와." 클라이언트도 심드렁하게 이야기한다. "내일까지 정리해서 보내주세요." 아니, 잠깐만요. 내가 무슨 자판기도 아니고, 아이디어라는 게 100원짜리 동전 하나 넣었다고 또르르 나오는 그런 거 아니잖아요.

기획은 그런 게 아닐까? 다 잡았다 싶으면 저리 도망가 있고, 도망갔나 싶으면 어느새 옆에 와 있는, 날 떠나갔는데도 여전히 예뻐 보이는 여자.

1년에 기획서 수십 개를 쓰고 아이디어 내고 발표하는 일을 대학생 때부터 공모전으로 시작했으니 어느덧 20년이 가까이 되어간다. 또한 기획 관련 강의와 출판을 하다 보니, 이제는 "어떻게 해요?"란 물음에 "그냥 해봐요"란 답을 할 수 없게 되었다. 기획은 정답 없는 영역이라 "어차피 정답도 없으니 네 맘대로 해봐"라고 말하면 나도 참 쿨내 나고 편할 텐데, 아무것도 모르는 이에게 "네 맘대로 해봐"란 말이 얼마나 공허한지 안다. 특히 시작하는 이들에게 그런 대답은 너무 춥다.

더욱이 기업 대상 기획 교육을 본격적으로 진행한 12년간 현장에서 느낀 건 실력 차가 생각보다 너무 심하다는 것이다. 정말 엄청난 기획 결과물을 내시는 소수의 분들도 있지만, 대부분 시작조차 막막해하거나 힘겹게 해내지만 기본기가 없어 어려워하시는 분들이 많다는 걸 느낀다. 누군가에게는 당연한 것이 다른 누군가에게는 너무나 심하게 막막한 것이다. 그래서 나는 '그냥' 한 일이라고 생각했던 현상 뒤 숨겨진 근본 구조와 원리, 방법론을 파고 정리하게 되었다.

제일기획 재직 당시 회사 지시로 팀을 9번이나 옮기며 다양한 프로젝트에 참여했다. 그 과정에서 1년에 100억~1,000억 쓰는 대형 브랜드 기획 및 경쟁 PT부터, 정부 프로젝트, 소비자 브랜드 기획을 경험했다. 이후 친구의 오빠가 영어 학원을 시작하며 학부모님들 앞에서 쓸 소개서를 작성할 때, 친한 언니의 아버지가 정성껏 재배하신 농수산물 브랜드 이름을 만들 때, 친구네 김밥집 콘셉트 문구를 정해야 할 때, 기획이 얼마나 절절하게 삶의 현장 구석구석에서 필요한가 절감했다.

하지만 이미 너무 훌륭하신 석학님들과 기획자님들의 책이 많으니, 나는 시작하는 사람들을 위해 좀 더 손에 잘 잡히는 실전 기획책, 쉬운 기획 책을 만들고 싶었다. 그래서 나름대로 정리한 기획의 3p, 즉 문제와 해결책을 찾는 planning, 기획서를 쓰는 proposal, 발표하는 presentation에 필요한 기본기를 10가지로 정리했다. 이제 시작하는 브랜드, 이제 창업한 회사에서 바로 쓸 수 있는 생계형 기획 필살기를 말씀드리는 게 우선이라는 생각이 들어 책 예시들도 초대형 글로벌 브랜드는 지양하고 최대한 생계형 기획 예시들로 엄선했음을 말씀드린다.

언제나 그렇듯 책을 마무리하는 순간까지 수많은 질문에 후달렸다. 이게 맞나? 최선인가? 그럴 때마다 한 인터뷰에서 영화 〈암살〉의 최동훈 감독이 말한 내용을 떠올린다.

확신을 얻으려면 정말 많은 의심을 해야 한다. 시나리오를 쓸 때부터 고민하고, 또다시 그런 고민을 계속해야 촬영에서 엄청난 확신으로 진행할 수 있다. 편집할 때까지 의심은 계속된다. 결국 확신은 의심의 절대적 양에 비례한다.

의심하고 또 의심해서 확신을 얻어내기 위한 과정을 거쳤지만 동시에 〈파이낸셜 타임스〉 수석 칼럼니스트이자 경제학자인 팀 하포드^{Tim Harford}가 말한 'God complex'를 기억했다.

God complex
아무리 복잡한 문제라도 자신의 해결책이 절대적으로 옳다는 압도적 믿음을 가지는 것

God complex는 비즈니스 리더나 정치가에게서 쉽게 찾아볼 수 있다고 한다. 하지만 우리의 세계는 그런 방식으로 이해하기엔 너무 복잡하다. 더욱이 기획은 '1 + 1 = 2'처럼 깔끔하게 떨어지는 정답이 존재하는 영역이 아니다. 최선을 다해 의심하고 확신했으나, 동시에 나는 전지전능한 신이 아닌 그저 부분만 볼 줄 아는 인간임을 겸허히 인정하며, 이 책의 내용만이 절대적이라는 생각은 하나도 없다. 그래서 God complex라기보다는 이 책을 읽고 있는 당신에 대한 책임감으로 최선을 다했다.

배우 김서형 님이 한 토크쇼에서 말했다.

한 걸음 한 걸음이 정상이잖아요.

이 말이 내 심장에 쿵 닿았다. 그렇지. 한 걸음 한 걸음이 정상이지. 하늘에서 뚝 떨어지거나, 빽 좋은 부모가 모든 걸 대신 해주지 않는 보통의 인생들은 스스로 막막함을 이겨내며 한 걸음씩 내딛는

다. 이게 참 느려터져 보여 속이 터질 것 같다. 그렇지만 그 순간 스스로의 힘은 견고해지고 있다.

이 정상적인 노력에 도움 되는 책이 되길 빈다. 이 책을 시작으로 한 걸음 한 걸음 느려 보이지만 절대 부끄럽지 않은 견고한, 독자님만의 근사한 결과물들 이뤄내시길.

차례

Brain

근본적으로 중요한 게 뭘까

. . .

"박신영 씨, 3분기 기획서 좀 가져와."

"박신영 씨, 이번 신제품 홍보 방안 좀 써 와."

"박신영 씨, 신입교육 어떻게 할지 생각해서 내일까지 가져와요."

회사의 상사가 이렇게 지시한다면, 이걸 들은 당신 반응은?

'드디어 나의 천재성을 발휘할 때가 왔군'이라며 당신의 능력을 검증할 절호의 기회로 여기며 마냥 신나고 들뜨지는 않을 것이다. 어쩌면 자리에 앉으면 '아, 어쩌라고' 짜증부터 날 것이다. 뻑뻑한 눈 끔뻑이다 야근한답시고 밥 먹고 자리에 앉지만, 돌아오는 건 부대끼는 배와 피로감뿐.

이럴 때 어떻게 하면 좋을까?

이 상황에 전략적으로 임하려면 우선 알아야 할 것은 '뇌'다. 실험 하나 해보자. 매우 낯익은 실험이다. 하지만 익숙해서 진짜 중요한 포인트를 아쉽게 놓치는 경우가 많으니, 체크해보자.

이 책을 읽는 당신, 지금 코끼리를 절대 생각하지 마세요.

절대 코.끼.리. 생각하지 마요.

지금 코끼리 No. 생각하지 않는 겁니다, 코끼리.

어떤가? 코끼리 잘 떠올리셨는지? 뇌는 참 신비롭다. 생각하지 말라는 말을 듣는 순간, 이미지로 떠올린다. 『코끼리는 생각하지 마』의 저자 조지 레이코프George Lakoff는 언어학자로서 언어에 의해 생각의 틀이 결정된다고 말한다. 언어란 단순히 말 자체가 아닌 그 안에 포함된 이미지, 생각, 개념이 꼬리를 물고 떠오르게 하는 것이라고. "하지 마"란 말과 무관하게 뇌는 부정과 긍정을 구분하지 못하고 코끼리를 그린다.

실험 하나 더 해보자.

마트에 갔더니 레몬이 너무 싱싱한 거다.

너무 싱싱해서 즙을 짜 먹으려고 사서 집에 와서 레몬을 반으로 뚝! 잘랐더니, 즙이 뚝뚝.

이 신선한 레몬으로 음료를 만들기 위해 한번 더 즙을 쫙…!

침 나오신 분? 정상적인 감각기관을 가진 사람이 이 이야기를 계속 들으면 침이 나올 확률이 높다. 레몬이 실재하지 않고 이야기만 듣고 생각만 했을 뿐인데, 뇌는 실제 상황으로 여겨 침샘을 자극한다. 여기서 알 수 있는 뇌에 대한 또 하나의 팩트는, 뇌는 상상과 현실을 구분하지 못한다는 것.

그래서 국가대표 선수들이 성공적으로 경기하고 승리하는 '상상훈련'을 하기도 한다. 상상훈련만을 위한 전문 트레이너가 따로 있고, 그 훈련만으로도 실제에 버금가는 효과를 낸다는 것은 이미 다양한 사례로 입증되었다.

지금 해맑게 "긍정적 생각해요, 우리!"라고 말하려는 게 아니다. 뇌는 긍정과 부정을 인식하지 못하고 이미지를 만들며 상상과 현실을 구분하지 못해, 인생은 딱 상상한 만큼 현실로 이뤄진다는 뇌과학적 사실을 말하고픈 거다.

이 이야기를 들은 사람들 반응은 대개 2가지로 나뉜다. 첫 번째는 '뭐, 그럴 수도 있겠지' 하고 대수롭지 않게 늘 살던 대로 사는 그룹이다. 이들은 정보를 정보 자체로만 받아들일 뿐 삶에 아무런 변화가 없다. 두 번째는 이 이론을 진짜 받아들여 본인의 말, 생각의 뿌리부터 바꿔버리는 그룹이다. 왜냐면 이 내용은 곱씹으면 곱씹을수록 어마어마하기 때문이다.

뇌 이론에 따르면 '이번 프로젝트 미친 듯이 하기 싫은데, 그래도 어쩌겠냐, 해야지'라고 생각하는 순간 머릿속에는 바로 '미친 듯이 하기 싫은' 이미지들이 연속적으로 떠오른다. 아직 일을 시작도 안 했으면서, 과거에 미친 듯이 하기 싫었는데 억지로 했던 기억들과 결국 삽질로 마무리되었던 일들까지 보너스로 떠올라 더욱 하기 싫을 것이다. 카톡으로 메신저로 "진짜 하기 싫어 ㅠㅠㅠ"를 날리다 보면 완전 확신에 찬다. 그리고 미친 듯이 하기 싫다는 논리에 설득된다. 그러면 그 일의 결과는? 뻔하다. 미친 듯이 하기 싫음에 설득된 자신을 데려다 일하는 건 곱절 에너지가 든다.

뇌 관련 책 중 가장 재밌게 읽었던 이케가야 유지池谷裕二의 『단순한 뇌 복잡한 나』에 기막힌 비유가 나온다. 뇌는 아주 깜깜한 곳에서 두개골이라는 헬멧을 쓰고 있기에 외부 세계를 직접 파악할 수 없고, 모든 정보를 주인의 '몸'을 통해서 전달받는다는 것이다. 그래서 이케가야는 모든 것을 뇌의 입장에서 생각하자고 한다.

뇌는 소리가 나면 귀로 듣고 '아, 지금 누군가 말을 했군', 빛이 느껴지면 눈으로 보고 '아, 불이 켜졌군' 알게 된다. '너무 하기 싫다'라는 정보가 전달되면? '오예! 내가 해내겠어!' 할 리 없다. 깜깜한 곳에서 헬멧을 쓴 뇌는 '아, 이건 주인이 하기 싫은 일이구나. 해봤자 별로 좋을 게 없겠구나' 생각한다. 뇌는 실제 '진실'이 무엇인지 알 수 없고, 알 필요도 없이 주어진 사실대로만 받아들인다.

당신은 이런 뇌에게 어떤 정보를 주는 주인인가? 뇌는 '재미없다'란 부정적 감정의 평가를 하면 동기 발화의 연쇄작용이 일어나지 않는다고 한다. 쉽게 말하면 자기 보호 본능과 효율을 중시하는 뇌는 '지금 내가 작동할 때가 아니구나' 생각하며 굳이 최선을 다해 작동하지 않는다. 기능을 최소화하는 것이다.

 뇌를 공부할수록 우리 삶 구석구석에 스스로 뇌 기능을 떨어뜨리는 나쁜 습관들이 있음에 새삼 놀랐다. 세계적 뇌의학 권위자인 하야시 나리유키는 뇌에 대해 이렇게 알려준다.

 일단 부정적인 평가를 받은 정보는 제대로 이해할 수 없고 깊게 사고할 수도 없으며 똑똑히 기억하기도 어려워진다. 뇌의 이해력과 사고력, 기억력을 향상시키려면 우선 '재미있다', '좋다'라는 평가를 받아야 한다. 무언가를 좋아하는 힘을 기르는 것은 곧 뇌의 기능을 향상시키는 것과 같다.

- 『두뇌를 깨우는 7가지 습관』, 김영사

 나는 이 책을 읽고 무언가를 좋아하는 것, 감탄하는 것, 어떤 상황에서도 재미를 느끼는 것도 지혜로운 능력임을 깨달았다. 그 능력이란 뇌를 잘 경영한다는 것이다. 너무 심드렁하면 뇌에 아무런 자극이 없으니 아무런 일도 안 일어난다.

 이 책도 마찬가지다. '뭐 별거 있겠어'라고 생각하면 별거 없다. '나는 이거 읽고 내 거 기획한다. 시작해낸다'라고 생각하는 순간, 당신 헬멧 속 뇌는 최선을 다해 집중할 것이고, 스스로가 즐거워할 동기 발화를 찾을 것이고, 결과로 이어질 것이다.

 뇌과학에 근거해서도 그렇고, 경험 많은 선배님들의 이야기를 들어도 그렇다. 사람은 '딱 자기가 바라고 믿는 만큼'의 사람이 될 확률이 높다. 긴 인생 산 건 아니지만 소름 끼칠 정도로 절감한 적이 있다. '다 필요 없고 조그마한 방에서 뿔테 안경 끼고 책에 둘러싸여 책이나 읽으면 좋겠어.' 이런 생각을 많이 했었는데, 어느 날 정말 조그마한 방에서 뿔테 안경을 끼고 책을 읽다가 화들짝 놀랐다. 헉! 딱 그만큼이 된 나랑 예전에 생각했던 내가 만났던 것이다.

"아, 나는 지루한 남자 싫어. 나쁜 남자랑 짜릿한 연애가 좋다." 늘 이렇게 말하고 다녔던 나는 치명적 고생을 정말 많이 했다. 지금은 진짜 싫다. 제일기획을 그만두고 강의를 시작했을 때, 초반에는 강의도 안 들어오고 돈도 없고 팔까지 안 움직이는 상황이었다. '최악이야, 최악이야. 내가 왜 괜히 직장을 그만둬서…' 이런 생각에 엉엉 울 수도 있었지만, 사실 상황이 너무 심각하게 어려워지니 그것조차 사치였다. 감정도 사치인 그 순간, 나는 이 이론을 기억했다.

그래, 그렇다면 어디에서 강의하고 싶은지? 해보고픈 특별한 강의는 뭔지? 기업 리스트를 구체적으로 쓰다가 이왕 시작한 거 이십 대에 청와대에서 강의를 하면 재미있겠다고 생각했다. 그리고?

하게 되었다.

책을 쓰면서, 내가 기획을 시작할 때 처음에 너무 고생했으니 내 책이 시작하는 사람들의 기획 '교과서'가 되면 좋겠다는 생각을 했다. 그리고?

내 책이 대학, 기업의 기획 교과서로 사용되고 있다는 이야기를 많이 듣는다. 무엇보다 다른 전공이라 막막했는데, 아무것도 몰라 막막했는데, 다른 책들이 너무 어려워 막막했는데, "시작하게 되었다"라는 이야기를 많이 듣는다. 이것은 우연일까? 우연일 수 있다. 그리고 우연이 아닐 수도 있다.

내가 진지하게 받아들이는 성경 구절 중 하나는 '바랄 수 없는 중에 바라고 믿었으니(「로마서」 4장 18절)'다. 바랄 수 있는 상황에서는 누구나 바라고 믿을 수 있다. 관건은 누가 바랄 수 없는 중에도 바라고 믿는 뚝심을 가지고 '내공을 쌓느냐'가 아닐까.

결코 안 될 수밖에 없는 상황인데 안 될 것이라고 생각하는 시간도 아끼면서, 모두가 안 된다고 해도 스스로 헬멧 속 뇌를 격려해주며, 자신의 생각과 말을 진심으로 귀중히 여기며, 자기 입술의 열매를 예의 바르게 대하면서.

모든 게 막막해 보일 때 나를 돕는 하늘을 바라보며.

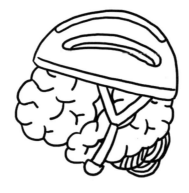

헬멧 속 뇌에게 무슨 말을 해줄까?

Focus 02

기획이 기억되려면

본격적으로 기획하려고 마음먹은 당신. 첫 번째로 중요한 게 뭘까?

기획의 근간을 이루는 핵심을 공유하기 위해, 그리고 나와 같은 삽질을 반복하지 마시라는 의미에서 매우 개인적인 고백을 한다.

고자세로 꽤 오랜 세월 함께한 연인에게 차인 적이 있었다. 당시 매우 새침하고 도도했던 나는 누군가에게 차인 상황을 이해하지 못했다. 처음에는 현실을 부정하고, 그다음에는 분노하고, 지쳐 쓰러지다가, 웃는데 눈물은 그렁그렁한 4단계의 미친 폐인 생활을 6개월 넘게 했다.

친구를 만나면 매일 울고, 울고, 또 울었다. 이런 나를 불쌍하게 여긴 친구가 어둠 속에 은둔하고 있던 내게 책 한 권을 택배로 보냈다. 그 책은 셰리 아곱Cherry Argov의『남자들은 왜 여우 같은 여자를 좋아할까』였다. 예전에 서점에서 지나가다 본 적 있는 책이었다.

솔직히 고백하면, 그 책 제목을 보고 정말 냉소적으로 피식했다.

'도대체 저런 책은 어떤 루저가 읽는 거야? 제목이 저게 뭐냐?'

고상하게 사랑받기만 하던 나는 그 책 읽는 것을 한심하게 생각했었다. 하지만 도저히 홀로 감당이 안 되는 힘겨운 날 나는 운명처럼 그 책을 탐닉했고, 그 책이 왜 미국에서 밀리언셀러가 되었는지 이해했다. 그 후 실연당한 많은 친구들에게 그 책을 줄기차게 선물했다.

그 책에서 얻은 가장 큰 수확은 '연상회로'란 개념을 배운 것이다. 쉽게 말하면 '당신은 남자 친구가 생각할 때 어떻게 연상되는 여자인가?'에 대한 관점을 배웠다.

오매불망 연인만을 기다리며 "도대체 언제 와?", "내가 중요해, 회사가 중요해?"라고 말하며 짜증 내고 화내고 집착하고 결국 들짐승처럼 울부짖는 '우울감 가득한 연인'인가, 아니면 '생각만 해도 왠지 웃게 되는 연인'인가?

매일 좀 더 신경 써달라고 징징대다가 결국 차였던 나는 그 남자에게 어떻게 연상되는 여자였을까? 솔직히 고백하건대, 그가 그렇게나 오랜 시간 나를 만나준 게 고마울 지경이었다. 그리고 그 후에 접한 뇌신경 언어학, 특히 NLP^{Neuro-Linguistic Programming}(신경언어 프로그래밍)의 대가 토니 로빈스^{Tony Robbins}의 글을 읽고 더욱 깊이 깨닫게 되었다.

"신영아, 오빠가 10시에 전화할게"라고 했을 때, 그는 10시에 전화를 한 적이 별로 없는 사람이었다. 유학 중인 그는 환경적 변수가 많았고, 힘겨운 일이 많았고, 기본 성향상 일에 몰입하면 까먹는 경우도 많았다. 10시, 11시, 12시…. 나는 슬슬 짜증이 났고 화가 났고, 어떻게 이렇게 나를 무시하나 홀로 분노했다. 그리고 따르릉. "엇, 오빠! 바빴나 보다. 피곤해서 어떻게 해. 기다렸잖아"라고 대답한 적? 단 한 번도 없다.

"지금 몇 시야? 일이 중요해, 내가 중요해? 어떻게 이럴 수가 있어? 도대체 왜 맨날 그래? 사람 무시해? … #($&@)#&!)! 아, 됐다. 끊어." 그리고 끊었는데 다시 전화가 안 오면 다시 시작. 혹은 전화를 한숨으로 받은 적도 많다.

그때는 절대 불가능했지만, 책을 읽으며 그의 입장에서 생각해봤다. 끝나지 않는 일, 죽도록 최선을 다했는데도 맘에 들지 않는 결과물, 낯선 해외 환경. 어쩌면 안 좋은 평가를 받았을 수도 있는 그날, 온종일 시달리다가 '아, 우리 신영이…!' 하며 겨우 전화기를 잡은 그는 나와 통화를 끊고 나서 얼마나 더 피곤했을까. 얼마나 더 우울했을까. 내가 차인 이유를 뇌과학적으로 분석해보니,

신영에게 전화하는 것 = 왠지 불편. 죄책감 느끼는 우울한 일

이런 연상회로가 생기는 거다. 처음 생긴 연상회로는 단기기억으

로 간다. 단기기억이 한 번, 두 번, 세 번 경험이 반복되면 어디로 갈까? 잊히지 않는 장기기억으로 간다. 그리고 무의식에 저장된다. 그가 아무리 의식적으로 '그녀는 날 기다려준 고마운 사람'이라 생각하려고 노력해도 95%의 무의식은 왠지 그녀 생각만 해도 우울하고 마음이 무거워진다.

신영 = 아….

내가 그에게 일부러 부정적인 연상회로를 만들려고 그렇게 반응했을까? 결단코 아니다. 나의 속마음은 '부디 잘 지내자'였지만, 결과는 정반대. 여기서 기억해야 할 포인트는,

어떻게 보이려 했는가? vs. 어떻게 보였는가?
잘 지내자.   vs. 난 그녀에게 최악이래. 그만둬야겠다.

이런 차이가 있다는 거다. 이걸 제대로 인식하는 게 기획의 시작이다. 기획도 마찬가지다. 뒤늦게 "제 의도는 그게 아니었어요", "사실 제 말은 그게 아니라…" 해봤자 소용없다. 기획자는 자신의 의도가 무엇인지에 취할 게 아니라, 상대방 머릿속에 무엇이 그려졌느냐를 객관적으로 예상해보는 게 중요하다. 그걸 중심으로 결국 무엇이 기억될 것인가를 처음부터 설계해야 한다.

코끼리를 생각 안 하게 하려면 '코끼리'는 언급도 하지 말아야 하는 것이다. 국가대표 멘탈 트레이너들이 "실수하는 일 없이 열심히 해"라고 말하는 순간, 선수들의 뇌에는 실수하지 않겠다는 부정어를 비롯해 실수할지도 모른다는 생각, 예전에 실수했던 기억이 떠오른다고 한다. 그래서 이들은 단어 하나도 신경 쓴다고. 이게 프로 아닌가.

나 또한 예전에 회의에 갔다가 "저는 진짜 돈은 신경 안 쓰거든요. 이건 진짜 돈 때문에 하는 일 아니거든요"란 말씀을 회의 내내 10번 정도 반복하시는 분을 보며, 그분은 돈에 신경을 정말 많이 쓰시는 것 같다는 느낌에 '그분 = 돈'이라는 연상회로가 남았다.

어떻게 보이려 했는가? vs. 어떻게 보였는가?
돈에 신경 안 쓰는   vs. 돈 이야기만 계속하는

발표할 때 가장 가슴 아픈 연상회로 만드는 발언 top3를 꼽으라면 다음과 같다.

1. 부족한 PT지만 들어주셔서 감사합니다.
   → 좀 부족하긴 했지….

2. 제가 정말 준비를 못 해서 두서없지만 들어주세요.

→ 두서없는 걸 내가 왜 듣고 있어야 돼?

3. 지루할 수 있지만 지루하더라도 들어주세요.
   → 아, 그럼 지루한 거 빼고 말하든가.

한 번 피식하고 지나갈 수도 있고, 뇌 과학적으로 심각한 이야기일 수 있다. 받아들이고 적용하고 바꾸는 건 당신 몫. 단, 적용하기로 결심했다면 체크해보자.

나는 어떤 연상회로를 남기는 사람인가?
나의 기획은 어떤 연상회로를 남길 것인가?

스티브 잡스Steve Jobs가 "Stay Hungry"를 외치는 것과 2천만 주민이 굶고 있는 북한의 김정은이 "Stay Hungry"를 외치는 것은 의미가 다르다. 평소 쌓인 무의식적 연상회로 때문. 이런 이유로 나는 나를 위해서 표정과 말투도 많이 바꾸려고 노력했고 바꿔오고 있다.

오해의 소지가 큰 표정, 말투를 비즈니스 현장에서 표면과 다른 무의식에 숨겨진 의도까지 고려해서 받아줄 사람은 없다. 그래서 "제가 표정이 원래 그래요", "제 말투가 원래 그래요" 같은 말은 아무런 힘이 없다. 어쩌라고? 결국 보인 건 이건데.

어떻게 보이려 했는가? vs. 어떻게 보였는가?

정말 아무 생각 없었음 vs. 불만/태클 가득(뚱한 표정과 팔짱 등)

표정, 말투로 인한 손해, 비효율을 나도 많이 겪었고 주변에서도 많이 보았기에, 스스로 체크해보시길 추천한다. 때론 내가 무엇을 말했는지보다 상대방의 머릿속에 어떤 그림이 그려졌는지가 중요하다. 물론 상대방 머릿속에 그려지는 걸 다 컨트롤할 수는 없다. 하지만 최소한 오해할 것들을 제거하는 것, 집중할 것을 선별해주는 것은 내 몫이다.

상대방 뇌를 신경 쓰기:

상대방 뇌에 어떤 그림을 그리고 있나?

Key image
기억을 기획하기

세계적 베스트셀러 『어떻게 원하는 것을 얻는가』의 저자이자 펜실베이니아 대학교 와튼스쿨의 교수인 스튜어트 다이아몬드^{Stuart Diamond}는 이런 말을 했다.

> 협상에서 덜 중요한 사람은 언제나 당신임을 기억해야 한다. 가장 중요한 사람은 바로 상대방이다.

그래서 기획 시작부터 '상대에게 무엇을 기억시킬 것인가?' 생각해보는 것도 좋은 습관이다. 내 기획 결과물이 신문에 나온다면 key image는 무엇일지 생각해보는 거다. '딱히 나갈 게 없겠는데?' 싶다면 그걸 만드는 게 시작이다. '너무 많겠는데?' 싶다면 대표 하나를 정해야 한다. 너무 많다는 건 하나도 기억되지 않을 수 있다는 뜻이니까.

그건 기자님이 알아서 해주는 거 아닌가? 그럴 수도, 아닐 수도 있다. 2008년에 『삽질정신』을 갓 출판하고 모 언론사와 인터뷰를 한 적이 있다. 어리고 여린 소녀는 잘 보이고 싶은 마음에 잔뜩 폼 잡고 무슨 말을 하는지도 모르고 그럴듯한 말을 실컷 했다. 인터뷰 끝난 후에는 "제가 인터뷰한 게 나오니 꼭 신문 사서 보세요!"라고 동네

방네 광고하고 다녔다. 나 또한 일어나자마자 신문을 사 봤는데 기사의 제목은…,

"농촌 소녀 23관왕!"

농촌… 소녀? 부끄러웠다. 길고 긴 이야기를 하다가 맨 끝에 아주 잠시 "기자님, 서울은 '대학로'라고 하잖아요. 제가 학교 나온 곳은 논이 워낙 많아서 '대학논'이라고 했어요"라고 건넸던 농담이 전체 타이틀이 되었던 거다.

A를 말하고팠지만	C에 관심 많던 상대방
A, B, C… 주저리주저리	C만 기억

기억되길 원하는 게 있다면 그걸 중심적으로 말하고 쓰고 보여줘

야 한다. 예를 들어, 내 기획을 들은 엄마가 엄마의 친구에게 전달할 때 뭐라 할까? 이걸 생각하면 쓸데없이 어려운 말을 다 빼게 된다. 전달되지 않는다면? 전달할 하나를 정해주지 않은 내 탓도 크다. 예를 든 대상이 친구 엄마라 심각하지 않은 것 같지만, 클라이언트가 내 이야기를 듣고 자기 상사에게 뭘 전달해야 할지 기억하지 못한다면? 내 의도와 전혀 다른 것만 전달한다면? 기획 성과는 0.

기획 효율을 위해 목표부터 다시 점검하자.

내가 기획 → 네가 기억

특히 요즘처럼 TV 광고를 잘 보지 않고 블로그, 인스타그램, 유튜브, 카톡 등으로 모든 사람이 일인 미디어가 된 시대에는 '그들이 전달할 한마디', '그들이 공유할 한 장'부터 정리하는 게 중요하다. 너무 당연한 이야기 같지만, 이것저것 열심히 기획하다 보면 결국 그 '하나'가 뭔지 모르는 기획자가 많다. 나 또한 의식하지 않으면 그렇고.

그래서 친구의 부모님이 김밥집을 오픈할 때도 사진 찍힐 key image부터 생각했다. 그리고 지금 감사하게도 블로그와 인스타그램에 그 사진이 중점적으로 담긴다. 서울시 도시계획과 도시 플랜 발표 자문을 할 때도 수십 장의 발표 PPT 자료 중 결국 기사에 나갈

사진 한 장을 의식하며 만들었다. 두 장 정도를 후보로 생각했는데,
나중에 나온 기사를 보니 결국 정말 그 두 장이 주로 많이 나왔다.
책을 쓸 때도 결국 사진 찍힐 한 페이지가 무엇일지 생각하고 정리
해본다.

    물론 100% 다 맞을 수는 없겠지만 그것을 의식하고 기획한 것과
아닌 것은 다르다. 이건 효율을 좋아하는 뇌를 위한 배려라고 할 수
있다. 나의 기획 결과물을 사진 한 장으로 찍어 간다면 뭐가 좋을까?
뭘 들이밀어야 할까? 우선 생각해보시라. 물론 세부 방법론은 책 뒤
에서 다룰 것이다.

이런 맥락에서 정치인이 어떤 사안에 대해 특정 해시태그를 다는 것, 원래 쓰던 명칭을 다른 것으로 바꿔 쓰자고 언론을 통제하는 것도 결국 기억될 한마디, 즉 기억을 기획하는 행위라 볼 수 있다. 이토록 기획은 많은 경우 정치적으로 편향된 의도를 성취하기 위해 부정적으로도, 혹은 팩트를 제대로 알리기 위해 긍정적으로도 사용된다.

결국 기획이란 누가 상대방의 뇌리에 강렬한 기억을 남기느냐의 싸움이기에 나의 기획에 취하지 말고, 너에게 기억되는지에 집중하기. 그렇지 않으면 수천, 수억을 들여 혼자만 알아듣는 기획, '혼잣말 대잔치'만 하게 될 테니.

내가 기획 vs. 네가 기억:

네가 기억할 한 장 기획하기

3WR®
기획 기본기는 뭘까

03

．．．

기획 기본기를 살펴보기 위해 '기획'의 뜻을 국어사전에서 찾아보았다.

일을 꾀하여 계획함

우선 일이란 뭔가? 문제가 있으면 일이 된다. 혹은 문제가 없더라도 더 잘할 수 있는 것을 발견하면 일이 된다. 그래서 기획 결과물은 크게 진통제painkiller와 비타민vitamin, 2가지로 나뉜다. 진통제란 뭔가? 진통을 해결해주는 약. 비타민은 뭔가? 부족함을 보충해주는 것. 기획은 쉽게 말해 진통을 없애주거나 부족함을 채워주는 것이다.

그렇다면 상대방이 내 기획서에서 보고 싶은 건? '어떤 진통을 어떻게 해결해주는데?' 혹은 '부족한 거 어떻게 채워줄 건데?'다. 문제를 해결하거나 빈틈을 채우는 걸 보고 싶은 것이다.

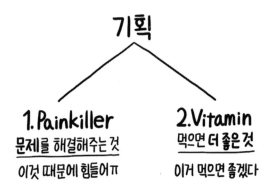

"우리가 못했으니 잘하자!"라고 소리치기만 하는 건 아무 소용 없다.

1. 왜 못했지?
2. 잘한다는 건 뭐지? vs. 그것 대비 뭐가 부족했지?

이런 걸 묻고 파헤쳐 찾아낸 뒤 해결해야 한다. 즉, 원인을 찾아 해결하거나 간극을 발견해 채우는 것이 기획의 시작이다. '못했다' 라는 결과만 듣고 있을 사람은 없다. 특히 회사는 성장하는 조직이라 '왜 그런지'를 듣고 싶어 한다. 왜 그런지 알아야 앞으로 어떻게 할지를 기획하고 앞으로 나아갈 수 있기 때문이다. 그래서 상사들이 그리도 묻는 거다. 왜 그랬냐고.

이를 위한 수많은 방법론이 있다. 방법론을 다 안다고 기획을 100% 잘하게 되는 것은 아니라서 방법론에 대한 회의적 시각도 많다. 하지만 나는 꽤 도움을 받았다. 그래서 수많은 방법론을 파며 각 각의 강점들을 내 것으로 체득하려 노력했다.

12년간 기획서를 써내야 하는 직장인들과 함께 훈련해보며 결국 수많은 방법론 중 가장 추천하는 훈련이 뭐냐고 묻는다면, 기획스쿨 의 3WR® 훈련을 권하고 싶다. 쉽게 말하면 기획의 기본 why, why so, what을 생각하고 정리하는 훈련을 하는 거다.

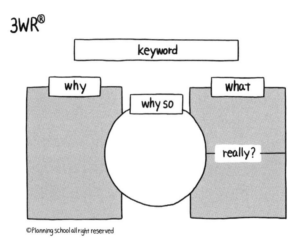

쉽게 말하면 3WR®은 광고로 생각하면 이해하기 쉽다.

우리는 늘 피곤하다. 요즘 사람치고 안 피곤한 사람 찾기가 쉽지 않다. 왜 다들 이렇게 피곤한 걸까? 뭐 때문일까? 어떤 광고에서 왜 이렇게 피곤한지 그 원인을 알려준다. 혹시 아시는지? 우리가 피곤 한 이유가 뭐 때문인지?

"간 때문에."

나는 매일매일 다른 회사로 가서 강의를 하는데, 삼십 대 중반 이상 사람들을 대상으로 강의할 때 이 대답이 안 나온 적이 단 한 번도 없다. 난 도전을 받은 기분이었다. 그만큼 이렇게 말하는 방식이 쉽게 이해되고 기억된다는 뜻이니까.

왜 그럴까? 구조를 뜯어보자. 만약 친구한테 다짜고짜 "야, 우루사 먹어"라고 이야기하면 아마도 "너나 먹어"라고 할 것이다. 그러나 적어도,

"너 피곤하지?"

이렇게 그 친구의 문제/상황을 먼저 이야기하면,

"피곤하긴 하지. 아, 요즘 왜 이렇게 피곤하냐?"

대화가 '연결'되기 시작한다. 그때,

"이게 여러 요인이 있긴 한데, 연구하니까 핵심은 간 때문이라고 하더라?"

이렇게 핵심 혹은 원인 하나를 짚어주면,

"아, 진짜? 정말 간 때문인가…?"

떨떠름하게라도, 희미하게라도 '이해'하기 시작한다.

"그래서 우루사를 만들었잖아."

그리고 나의 기획/제안을 이야기하면,

"아 그래?"

'너무 피곤한데 이거라도 먹어봐야 하나…?'

애초부터 100%의 설득, 납득은 불가능하더라도, 최소한 상대방이 합리적으로 내 기획의 흐름을 따라올 수 있게 해준다. 정리하면,

3WR®: 우루사

- **why** 너 피곤하지? - 피곤하긴 하지. 〈연결 시작〉
- **why so** 그게 간 때문이래. - 아, 진짜? 〈이해 시작〉
- **what** 그래서 우루사를 만들었대. - 아, 그래?(피곤한데 이거라도 먹어줘야 하나?) 〈관심 시작〉

상대방이 내 말을 따라올 수 있는 이유는 듣는 입장에서,

- 저 사람은 우선 내 문제를 알고 있고 〈문제〉
- 그 문제는 이것 때문인데 〈원인〉
- 저 사람이 말하는 것이 도움 될 수도 있겠구나. 〈제안〉

이렇게 생각되기 때문이다. 하지만 여기서 의심이 좀 많은 사람이거나 팩트 위주로 사고하는 사람이라면 "진짜 그래?"라고 묻는다. 그래서 증명이 추가되어야 한다.

- **+really?** 실제로 우루사 UDCA가 간 속 노폐물을 배출해서 피로도를 12.76% 줄여준대. **증명**

뇌가 정보를 받아들이는 과정을 살펴봐도, 뇌는 정보를 ① '확인' 하고 ② '이해'된 정보를 ③ '판단'하고 자신에게 유의미한 정보를 ④ '기억'한다고 한다.

그러니 상대방이 정보를 확인하도록 우선 연결시킬 정보를 주고, 이해를 돕는 정보를 주고, 긍정적으로 판단하도록 증명 자료를 주어야 한다. 지금 설명한 우루사 흐름이 딱 그렇다.

〈우루사로 3WR® 이해하기〉

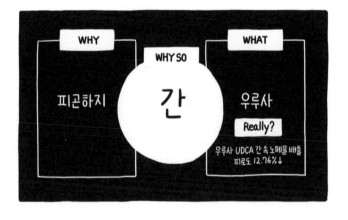

많은 방법론 중에서 이 프레임을 정말 많이 훈련하게 했고 나 또한 훈련했더니, 기획도 기획서도 발표도 훨씬 업그레이드되는 경우

를 많이 봤다.

회사에서 '기획'이 시작되는 지점도 크게 2가지로 나뉜다.

1. **문제로 시작**: 문제가 주어져 있고 그걸 풀어야 하는 경우. "내일까지 ○○에 대해 어떻게 해야 할지 생각해 와."

2. **제안이 고정**: 이미 답은 정해져 있고, 논리를 정리해야 하는 경우. "○○ 방향으로 정리해 와."

매일 새로운 걸 기획하는 부서가 아닌 이상, 내가 주로 교육 현장에서 만나는 현실 직장인은 2번의 경우도 많았다. 그래서 기획 '사고'도 중요하지만, 그 사고의 '정리'도 많이 요구되는 게 현실.

예를 들어 말할 것이 우루사로 정해진 경우라면, 이미 정해진 우루사를 중심으로 '왜 우루사'를 먹어야 하는지 ① '문제 수집'을 더 하며 상대방과 연결시킬 문제를 생각해야 한다. 그리고 그 문제에 우루사가 '왜 도움'이 되는지 ② '원인 분석'을 하고, 그래서 해야 할 제안을 '○○한 우루사'로 ③ '한마디 정리'를 하고 진짜 그런지 ④ '숫자/사례 찾기'를 하면 된다.

반면 '피곤하다'란 문제만 주어진 경우에는 이렇다. '왜 피곤'한지 ① '원인 분석'을 더 하고, 찾은 원인을 해결하려면 어떻게 해야 할지 생각한 후 ② '한마디 정리'를 하고, 진짜 그런지 ③ '숫자/사례 찾기'를 하며 증명해보는 거다.

강의할 때 내가 우루사만큼 많이 활용하는 건 김치다. "김치 맛의 핵심은 무엇일까요?" 이렇게 여쭤보면 70% 이상 나오는 대답이 "유산균"이다. LG 디오스 '김치 톡톡' 광고가 잘 기억된 결과다.

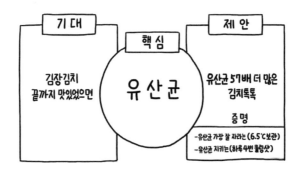

실제로 LG 전자 홈페이지에 가보면 57배가 가능한 요인들과 증명 실험 결과를 이야기하고 있다.

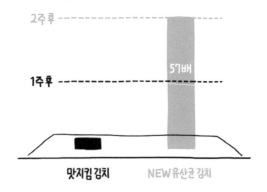

출처 : LG전자 홈페이지

물론 3WR®을 정리할 때 상대방의 정보 이해도에 따라 화두 깊이를 조절하는 센스가 필요하다. 김치 냉장고가 처음 나왔을 때 "핵심은 유산균"이라고 말했다면 소비자는 "뭔 소리야?" 하며 연결되지조차 않았을 거다. 김치 냉장고의 존재 여부도 모르는 상황이기 때문이다. 시장에 없던 거면, 핵심은 '그냥 냉장고 vs. 김치 전용 냉장고'를 이야기하여 존재에 대한 이해를 도와야 한다.

why 김장 김치 끝까지 맛있었으면

why so '일반' 냉장고 vs. '김치' 냉장고

what 김치만을 위한 전용 냉장고가 필요해(+왜냐면 증명)

그다음 김치 냉장고에 대한 인식이 생기면 '어떤' 김치 냉장고인지 이야기하는 거다. 이후 '맛을 지켜만 주는 것 vs. 숙성까지 해주는 것'으로 핵심이 '숙성'으로 갔다가, '칸별 냉각기가 있느냐'로 갔다가

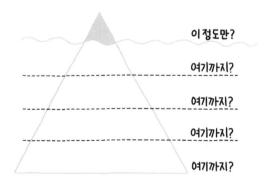

갈수록 쪼개져 이제 '균'까지 이르렀다. 그래서 내가 말하는 아이디어, 제품에 대한 상대방의 이해 정도를 감안해서 정리해야 한다. 우선 김치 냉장고 존재 '여부'부터 이야기할지 '유산균'까지 깊이 들어가야 할지.

'김치는 왜 맛있고, 왜 맛없나?' 김치에 대한 why so를 깊이 고민하시고 밤새시는 기획/개발자분들이 있다. 당연히 why so는 수백만 가지가 있을 거다. 그렇지만 모든 걸 다 말하면 하나도 안 들리니, 고생하며 기획/개발한 것이 전달되도록 상대방 뇌에 맞춰 정리해주시라.

늘 정리를 어려워하시는 분들께 나는 여쭌다.

100개 말하고 하나도 전달 안 되는 것 vs. 1~3개 정리하고 말해서 그거라도 전달되게 하는 것

어떤 쪽을 선택하시겠는가?
내 제품이나 생각을 3WR® 틀에 맞춰서 생각해보자.

3WR® : 기획의 기본 틀

- why 너 ○○하잖아/우리 ○○할 때 너무 힘들잖아/요즘 ○○ 어려움 가진 집단 있잖아
- why so 이것 때문이라서/핵심은 이거라서/숨겨진 문제가 이거라서

- `what` 그래서 이걸 기획했어/이걸 제안해/이걸 해보는 거 어때?
- `+really?` 실제로 이런 사례/이런 숫자/이런 증명이 있어

내 제품이나 아이디어가 없어서 곤란한 상황 혹은 있으면 더 좋을 상황을 정리해주고, 내가 말하고픈 것이 들어갔을 때 어떻게 바뀔지를 보여주는 거다.

정리가 안 된다면, 기획한 나도 왜 이걸 해야 하는지 모르고 한마디로 제시하지 못하는 거다. 그럼 상대방 설득이 안 되는 게 당연하지 않은가? 나 또한 쉽게 이해될 이 네 줄이 나올 때까지 생각을 정리해보는 시간을 충분히 가지려 노력한다.

상대방 입장에서 '기획의 기본' 정리하기

- 왜 [why] _____

- 그게 왜 [why so] _____

- 그래서 뭐 [what] _____

- 진짜 [+really?] _____

불만 수집

기획을 시작하는 경우라면 why 부분에 들어가는 불만을 최대한 많이 수집할수록 좋다. 진통제와 비타민을 만들려면 당연한 거다. 상대방이 골골거리며 내뱉는 말, 즉 '상대방의 구시렁'이 기획의 기회이자 시작점이기 때문이다.

> 구시렁구시렁(불만, 불편, 짜증, 빡침, 아쉬움, 욕구) = 기획의 시작

이와 관련하여 조용민 구글 매니저님의 〈세바시〉 강의를 듣다가 너무 재미있는 에피소드를 접했다. 외국에서 대장 내시경을 해야 하는 상황이라 백인 의사 선생님, 백인 간호사, 낯선 차가운 침대 모두 긴장되고 불편한 상황이었는데, 갑자기 즐겨 듣던 방탄소년단의 〈DNA〉라는 곡이 나왔다고 한다.

'차디찬 외국 땅 병원에서 방탄이라니…'

그는 자기도 모르게 둠칫둠칫 리듬을 타게 되었고, 저 멀리 걸어오는 의사 선생님도 둠칫둠칫 리듬을 타면서 다가오셨다고. 그러니 신기하게 마음이 편안해져서 진료를 받았다는 이야기를 했다. 그 병

원은 한국 환자들이 오면 한국 노래를, 중국 환자들이 오면 중국 노래를 틀어 환자 맞춤 선곡을 한단다.

왜 이렇게 불만투성이야 vs. 뭐가 불편할까

소비자의 동선을 생각하고 '뭐가 불편할까', '왜 불편할까' 물으면서 동선 각각에서 구시렁이 절로 나오는 걸 포착하여, '왜 그럴까' 한 번 더 고민할 때 진짜 기획이 시작된다. 그래서 구시렁을 많이 알수록 기획을 잘한다. 내가 기획하는 영역에서 구시렁을 수집해보자.

SNS에 돌아다닌 글이 하나 있었는데, 이걸 읽으며 '이것이 전문가다'란 생각이 들었다. 한 학생이 사랑니를 뽑은 후 약국에 갔다가 올린 글이다.

약사   어서 오세요.

학생   ….

약사   사랑니 뺐는데 솜 물고 있어서 말을 못 한다, 그치?

학생   (끄덕)

약사   2시간 물고 있으라 하셨고?

학생   (끄덕)

약사   진통제 달라고 온 거지?

학생   (끄덕끄덕)

약사	○○대 학생이라 영수증 2개 필요하다, 그치?
학생	(끄덕끄덕)
약사	근데 그렇게 말하고 싶은데 마취해서 말 못 하고, 맞제?
학생	(끄덕끄덕)

캬! 이 약사님은 상대방의 불편, 어려움을 다 알고 있다. 요청까지 깔끔하게 다 안다. 이것이 전문가 아닌가. 그간 솜 물고 온 수많은 이들의 구시렁을 수집하셨기에 가능한 일. 그리고 상대방 마음을 하나하나 말씀해주시며 상대방을 안심시키기까지. 우리의 기획서가 이래야 하는 거 아닐까? 이런 전문가가 되기 위해 구시렁을 수집해야 한다.

독일 철학자 쇼펜하우어 Arthur Schopenhauer 는 이렇게 말했다.

뜻밖에 아주 야비하고 어이없는 일을 당하더라도 그것 때문에 괴로워하거나 짜증 내지 말라. 그냥 지식이 하나 늘었다고 생각하라. 인간의 성격을 공부해가던 중에 고려해야 할 요소가 새로 하나 나타난 것뿐이다. 우연히 아주 특이한 광물 표본을 손에 넣은 광물학자와 같은 태도를 취하라.

이런 관점을 갖고 나니 피곤할 때 듣기 싫은 고객/상사의 불만이 광물처럼 느껴졌다. 물론 본성상 혹은 피곤한 상황상 구시렁을 듣고 있기가 참 쉽지 않을 때도 있지만, 이 광물이 나를 살리고 내 기획을 살린다는 걸 이젠 안다. 그래서 강의 후에도 설문지나 리뷰 속 기획에 대한 '구시렁 광물'을 찾으러 어슬렁거리고 다닌다.

폭발적 성장 중인 마켓컬리의 여정을 담은 책 『마켓컬리 인사이트』에도 관련 내용이 나온다.

김슬아 대표와의 대담에서 "본인이 마켓컬리에서 수행하는 업무 중에 가장 중요한 것이 무엇입니까?"라고 질문했을 때 김 대표는 예상 밖의 대답을 했다. '비전을 제시하는 사람'과 같은 답변을 기대했는데 그는 이렇게 대답했다. "저는 VOC를 읽는 사람입니다."

VOC^{Voice of Customer}란 소비자들의 불만, 불평이 가장 소비자다운 언어로 적혀 있는 곳 아닌가. 상대방의 구시렁을 읽고, 분류하고, 흐름을 그려보자. 거기에 답이 있다.

얼마 전에 '층간소음 대처용 우퍼 스피커' 사용 설명서가 SNS에서 화제가 된 적이 있다. 층간소음 때문에 스트레스가 너무 크기에 소음이 얼마나 심각한지 서로 입장을 바꿔 생각해볼 수 있도록 소리를 들려주기 위한 스피커다. 오죽하면 이런 제품이 나오나 싶은 마음 아픈 제품이다. 원래 설명서라면 스피커 설명과 사용 방법이 적혀 있을 테지만, 설명서가 화제가 된 이유는 따로 있다. 스피커 설명 외

분쟁 시 대처 요령이 케이스별로 상세하게 적혀 있었기 때문이다.

- 누가 찾아오는 경우: 어떻게
- 경비실에서 찾아오는 경우: 어떻게
- 경찰이 찾아오는 경우: 어떻게
- 위층에서 층간소음이웃사이센터를 부를 경우: 어떻게

이걸 보고 정말 이마를 쳤다. 이걸 사용하는 고객의 불안과 불만을 너무 잘 알고 있다. 너무 괴로워 스피커까지 구입했지만, 막상 사용했을 때 경찰이 찾아오면? 경비실에서 오면? 끝없는 고민이 이어질 텐데 100% 해결책은 아니더라도(세상에 그런 제품이 어디 있나) 불안의 흐름을 알고, 각 흐름에 도움 될 것을 알려주는 게 정말 섬세하다고 생각했다. 물론 사용 시 벌금을 내야 하거나 더 큰 분쟁으로 이어질 수 있지만, 상대방 pain의 시작점부터 사용 시, 사용 후까지 케어해주는 기획자를 보며 대단하다고 생각했다.

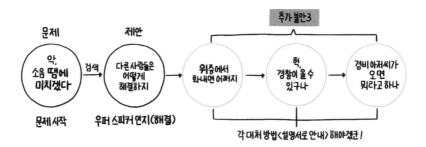

이런 기획은 구시렁을 모으고 구시렁의 흐름도를 그리는 것부터 시작된다.

여기서 하나만 더 체크. 구시렁을 수집하다 보면 정반대의 내용이 수집될 때가 있다. 이때는 어떻게 해야 할까? 예를 들어, 내 기획 강의 후 늘 나오는 2가지는 이거다. "체력적으로 너무 힘들어요. 강의 시간 좀 줄여주세요"와 "실습 시간이 너무 부족해요. 강의 며칠 더 늘려주세요." 이렇게 완벽히 정반대의 구시렁이 포착될 때가 많다.

제일기획 재직 시절에 소비자 정성조사를 하러 많이 다녔는데, 이때도 비슷한 경험을 자주 했다. 소비자를 다섯에서 열 명 내외로 모아 제품에 대한 이야기를 나누는 걸 옆방에서 관찰하는 조사를 많이 나갔다. 너무 재미있었던 건 한 사람이 본인이 방금 말한 것과 정반대되는 이야기를 많이 한다는 거다. 당시 팀장님께 "반대되는 이야기를 해요. 어쩌라는 걸까요?"란 질문을 많이 드리며 정리한 것은, 인간의 양가감정을 인정하기. 100% 만족하는 기획을 할 수 없음을 인정하고, 목표와 효율, 수요가 많은 쪽을 선택해서 진행해야 한다는 걸 알게 되었다.

그렇다면 구시렁은 어디에서 수집해야 할까? 내가 주목하는 곳은 세 군데다.

1. **구시렁 온라인 집단:** 내가 기획하고자 하는 제품/서비스 관련 정보를 공유하고, 문제를 공론화하는 집단이 있는지 찾는다. 예를 들면, 온라인 카페, 대표적인 블로그, 대표 인스타그램이나 유튜브의 댓글을 날잡아 다 훑는 거다. 솔직한 댓글에서 많은 포인트를 찾을 수 있다.

2. **구시렁 묘사 책:** 모든 것을 직접 경험해보고 알 수 없기에 다른 이의 경험과 속내가 깊이 있게 쓰인 책을 참고한다. 동시대 라이프 스타일을 보여주는 젊은 작가들의 소설이나 에세이가 좋다. 어렴풋이 느꼈지만 언어화하지 못한 것, 경험했지만 섬세하게 느끼지는 못한 것을 작가님들의 묘사로 생생히 만날 때 많은 포인트를 얻게 된다.

3. **구시렁 대화를 할 한 명:** 관련 경험을 해본 이들을 일대일로 만나 집중적인 이야기를 나눈다. 최대한 많은 불만, 에피소드를 토로하도록 최대한 내 말을 줄이고 이야기하기 편하도록 따뜻한 리액션을 겸비해 듣는다. 인터뷰의 답변이 아니라 진짜 이야기가 되도록 상대방을 편안하게 해주는 게 정말 중요한 포인트다.

광물 찾듯 불만 수집하기

3WR® 변주

why + what 정리

구시렁이 잘 포착되었다면, 자신이 생각한 기획도 거기에 맞춰 정리할 수 있어야 한다. 예를 들어, 우리 아이를 위해 물티슈를 검색하다가 이런 상품 설명을 보게 되었다고 가정해보자.

1. 경구독성 테스트 완료
2. 전 성분 공개 유해 화학물질 18종 불검출
3. 인터폴 기법 한 장씩 뽑기

수많은 리서치와 기획의 맥락에서 나온 3가지 결과물일 텐데, 상대방에겐 그리 보이지 않는다. 오히려 '나는 알아듣는지 어떤지 모르고 자기 이야기만 하고 있네!' 싶다. 그러니 '너의 구시렁 때문에 우리가 이런 걸 기획한 거야'가 보이도록 매칭해서 정리해야 한다.

아이가 쓰는 물티슈에 민감한 '엄마의 핵심 고민 3' 해결

1. 안정성 물고 빨고 괜찮은지? → 경구독성 테스트 완료
2. 인체 무해 성분 요즘 발암물질 많은데? → 전 성분 공개 유해 화학물질 18종 불검출
3. 편리한 사용법 여러 장 같이 나와 낭비 → 인터폴 기법 한 장씩 나오도록 개선

단순 제안만 있는 것과 비교해보자. 훨씬 명분 있고 논리적으로 납득이 된다. 그러니 내 제품이나 생각을 '[구시렁] → 그래서 [이걸 기획]' 프레임으로 생각하고 정리해보자.

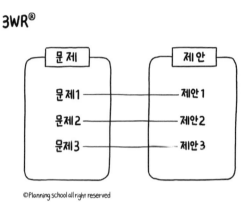

다른 기업 사례를 살펴보며 좀 더 이해해보자. 연달아 투자를 받으며 누적 다운로드 340만 건으로 승승장구하는 '보맵' 대표님의 인터뷰를 읽으며 많이 배웠다. 만약,

- 보맵은 빅데이터 기반 보험테크 서비스입니다. 보험테크란⋯ 최근 인슈어테크가⋯.
- 보맵은 통합보험관리 서비스입니다. 통합보험관리란⋯.

이런 식이라면 참 읽기 어려웠을 텐데, 대부분의 인터뷰가 대표님이 겪은 '문제'로 시작하고 있었다.

> 보험금을 청구하려는데 보험증서를 찾느라 온종일 허탕을 쳤다. 재발급을 받으려고 팩스로 서류를 보내고 전화하는 등의 과정이 너무 번거로웠다.
> 보험업계에서 일하는 내가 이 정도면 일반 고객은 얼마나 불편하다고 느꼈겠는가. (…) 보험증서만 제대로 관리해주는 서비스를 내놔도 수요가 있겠다는 생각을 했다.
>
> — <한국경제> 인터뷰

> 지난 2010년 결혼을 준비하면서 (…) 결혼자금이 부족해 기존 보험을 해약했는데 해지환급금이 너무 적더라. 그제야 가입을 권유했던 설계사를 찾았지만 연락이 닿지 않았다. 보증보험 회사에 다니던 나도 이렇게 보험을 모르는데, 일반인은 얼마나 모를까 싶었다.
> 편하고 쉽게 내 보험을 관리할 수 없을까, 이것이 보맵의 시작이다.
>
> — <뉴시스> 인터뷰

"우리 상품은 이겁니다", "이 서비스는 이겁니다"만 다짜고짜 말하기보다 "저는 이런 경험으로/문제로(상대방과 연결될 why) 이게 필요

하다 생각하게 되어, 이걸 기획하게 되었습니다(what)"라고 이야기
하니 너무 공감이 되고 이해가 훨씬 쉬웠다.

[너의 이야기 why] + 그래서 [나의 제안 what]

나를 소개하거나 상품을 소개할 때도 계속 이렇게 훈련해보자.
"저희 서비스는 이것입니다"보다 "제가 2년 전 친구랑 길을 가다가
이런 황당함을 겪었는데, 그래서 이런 서비스를…", "아빠랑 ○○
를 하다가 너무 짜증 나는 일이 있었는데, 그래서 이런 서비스를…",
"카페에서 ○○로 고군분투하시는 워킹맘을 보게 되었고, 그래서
이런 서비스를…"과 같은 식으로 생각하고 정리해보는 거다.

물론 듣는 상대방의 마음속에 '지금 니 이야기 안 궁금하다'란 생
각이 스멀스멀 올라오기 전에 이야기가 끝나도록 해야 한다. 깔끔하
게 '저게 문제구나', '저 사람은 문제를 진짜 아는 사람이구나', '시장
(문제를 가진 사람)이 있구나'를 느낄 수 있도록 간결하게 한두 줄 정도
로 말하는 거다.

너와 나의 연결고리 말하기

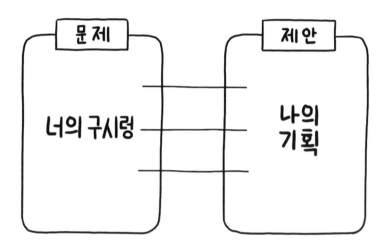

듣는 사람의 이야기와 연결시키기

3WR® 훈련

3WR®을 훈련하려면 이렇게 쓰인 것을 찾아보거나, 이 프레임에 넣어보고 빈칸을 채워보는 연습을 하기를 추천한다. 딱 맞게 쓰인 건 찾기 어려우므로, 빈틈을 보완하는 연습을 하면서 더 정리해야 할 부분과 버릴 부분을 체득한다.

　마트에 가서 제품을 설명하는 문구를 보면서도 훈련할 수 있다. 예를 들어, '○○젖병'이라고 쓰여 있는 것보다 '배앓이하면 어쩌지'라는 부모의 걱정을 알아주는 '배앓이 방지 ○○젖병'에 눈길이 간다. 또 그냥 마음만 알아주는 거보다 돈을 쓸 때 실질적인 포인트가 있어야 하니, '배앓이 방지 위한 3단 설계 ○○젖병'이라고를 배앓이의 원인을 해결하는 핵심을 써줄 때 손길까지 갈 수 있지 않을까?

- ○○젖병 `what`

- 배앓이 ○○젖병 `why` - `what`

- 배앓이 방지를 위한 3단 설계 ○○젖병 `why` - `why so` - `what`

교육 중 한 학습자님이 정리하신 걸 보자.

3WR® : 페브리즈 섬유탈취제

- 문제 침대에서 이상한 냄새나
- 원인 잠잘 때 흘리는 땀 300ml → 세균이 자라기 때문
- 제안 땀 때문에 생기는 침대 세균 5분 만에 99.9% 없애는 페브리즈 섬유탈취제
- +증명 한국화학융합시험연구원 항균 인증 → 대장균, 포도상구균 접촉 5분 후 99.9% 박멸

'이상한 냄새 나네….' 그러려니 하지 않고 '왜 나는 거야? 안 나게 하려면 어떻게 해?' 고민하며, 매일 빨 수도 없는 찜찜한 침구에 대한 why so를 발견하고 해결하게 해주신 분들께 박수를 보낸다.

이렇게 왜 그래? why so, 왜 안 해? why not을 생각해보는 것은 아이디어를 발전시키는 요인이 된다. 뭔가 아이디어가 떠올랐을 때 '이게 잘된다면 왜 그럴까?' 혹은 '이게 망한다면 왜 그럴까?'를 생각해보며 강점을 강화하고, 망할 요인 혹은 반론을 보완하는 것도 좋은 습관이다.

그래서 이걸 수차례 미리 해본 자들의 제품 설명서나 광고를 보며, 누군가의 이야기를 들으며 3WR®을 생각하고 보강하는 훈련을 하라고 많이 추천한다. 그러면 "이렇게 하는 게 '맞느냐?'"라고 많이 물으신다. 사실 이 영역은 맞고 틀린 것이 있다기보다, '그래서 결국 내 생각이 더 잘 전달되는지, 문제가 좀 더 해결되는지'가 본질이니

이를 중심으로 살펴보시길 바란다.

3WR®은 일상생활에서도 적용 가능하다. 나는 남편이 문제 해결 기획을 나보다 훨씬 잘한다고 생각하는데, 예를 들어 얼마 전에 집에 하루살이가 자꾸 많이 날아다녔다.

나는 그저 '하루살이가 날아다니는구나. 여름에 그렇지 뭐'라고 생각했다. 이렇게 현상 파악만 하고 심드렁하게 있었는데, 남편은 이걸 문제로 인식하고 홀로 고뇌하기 시작하더라.

- 문제 집에 하루살이가 많아진다.
- 원인 왜 더 많아질까?

한참 생각 후 남편이 말했다. "신영아, 하루살이가 많아지는 건 2가지 때문 같아.

1. 음식물 묻은 쓰레기
2. 쓰레기 봉지에서 더 확산

그래서 우리가 해야 할 일은,

1. 음식물 확실히 제거 후 쓰레기 버리기
2. 쓰레기 봉지 말고 뚜껑 있는 걸로 교체

내가 지금 쓰레기통 사러 갈게."

남편이 바로 나가서 쓰레기통을 사온 후 서식지가 없어진 하루살이는 사라졌다. 귀찮아서 '그냥 그런가 보다' 하며 단순 현상 인식으로 넘기는 나보다 '이거 문제네. 왜 이렇지?' 하며 문제, 원인을 고민하고 해결할 구체적 행동을 해주는 그에게 감사를.

그리고 며칠 뒤 남편이 '사실 하루살이가 과일 껍질에 알을 낳아놓는다'는 새로운 사실을 가져왔다. 이건 하루살이 책이 아니니 이정도로 마무리하지만, 이렇게 왜 그런지(why so) 부분을 팔수록 더 전문적으로 문제를 해결하게 된다.

사과문도 마찬가지다. 자주 시키는 반찬집에서 사과문이 왔는데, 그냥 '죄송하다'나 '무슨 문제가 있었는데 죄송하다'가 아니었다. '무슨 문제가 있었는데 무엇 때문'이라고 명확한 원인 설명으로 확산될 오해의 소지를 없애는 내용이었다.

[○○ 표기 오류 안내]

- 내용: _____
- 상세: _____
- 원인: _____

이와 같이 내용, 상세, 원인 항목으로 구분하여 무엇이 문제였는지 알려주고, 사과 후 재발 방지를 위해 어떻게 할 것인지 쓰여 있는데 너무 명쾌했다.

일상 대화 역시 다르지 않다. MBN 〈폼 나게 가자, 내멋대로〉란 프로그램에서 김창옥 교수님의 강의 '따뜻한 한마디가 관계를 창조한다'를 들으며 너무 많이 공감하고 배웠던 에피소드를 접했다.

아내   여보, 나 갱년기인가…. 몸에 열이 나고 애들이고 뭐고 다 싫어.

이때 아내가 원하는 반응은 이럴 것이다.

남편   (안타까운 듯한 얼굴로) 당신 너무 힘들어 보인다. 요즘 얼굴이… 정
말 갱년기 때문인가…?

하지만 보통의 반응은 이렇다.

남편   힘들면 살 빠져야 되는 거 아냐? 힘든데 계속 쪄? 뛰어! 좀 뛰라고,
이 사람아!

아내   …(아, 내가 대단한 걸 바란 게 아닌데.)

사소하지만 완벽히 반대의 결과를 가져오는 리액션이다. 전자의

경우는 why(상대가 어려운 점에 대한 공감), why so(왜 힘든지에 대한 고심)를 이야기하고 있지만, 후자는 what(그러니까 뛰어!)만 이야기하고 있다. What만 이야기하는 사람들은 "나는 객관적이다. 도움 되는 말만 한다"라고 주장하지만 중요한 건 그 말의 효율은 0이라는 것.

그러니 3WR® 사례를 찾아보며 자기 말투도 점검해보시라. 혹시 내가 why만 구구절절 하소연하는지, why so만 너무 다짜고짜 잘난 척하듯 튀게 이야기하는지, 전달되지 않는 what만 스스로는 객관적이라며 주야장천 외치는지.

내 말투 점검해보기

애쓴 기획이 사소한 말투로 아웃되지 않도록

Key message

됐고, 한마디로 뭔데

. . .

실컷 생각하고 정리했다 하더라도 한마디로 정리 못 하면 망한다. 내 개인 만족을 위해 기획한 게 아니니 전달이 안 되면 무슨 소용. 특히 전문가가 많이 저지르는 실수는 '지식의 저주'에 빠지는 거다.

지식의 저주

자기가 알고 있는 지식을 다른 사람도 알 것이라는 고정관념에 매몰되어 나타나는 인식의 왜곡cognitive bias을 의미한다.

– 『너 이런 경제법칙 알아?』, 이한영, 21세기북스

앞서 이야기한 우루사를 다시 예로 들어보자. 지식의 저주에 빠진 전문가는 실컷 3WR®을 생각한 후 어떻게 한마디로 정리할까? 보통 자신이 발견한 엄청난 것, 즉 증명 혹은 제안을 이렇게 말한다.

UDCA의 혁신적 기술!

우루사 제안

하지만 상대방 반응은 어떨까?

UDCA가 뭐야?

우루사가 뭐야?

이런 제안은 상대방 뇌에 연결조차 되지 않을 가능성이 크다. 아무리 좋은 기획이어도 상대방에게 '매력적'이긴커녕 '전달'되는 것도 실패인 안타까운 상황이 된다. 나 또한 이런 오류를 많이 저질렀다. 내 머릿속에서는 어떤 과정을 거쳐 나왔어도 그 과정은 말하지 않고 과정의 결과만 말하니, 상대방은 당연히 "그게 뭐지?" 하고 못 알아듣는다.

전달의 효율을 냉정하게 생각하고 상대방에게 연결되어야 함을 다시 한번 기억해보자. 그러면 우루사 기획이 시작된 문제, 곧 우선 상대방이 느끼는 것을 먼저 생각해야 한다.

상대방이 만약 "아, 피곤해 죽겠다"를 연발하고 있다면, 내가 말하고픈 UDCA나 우루사가 아닌 '그 피곤을 줄이는 방법 알려줄게'로 정리되어야 한다. 기획서로 쓸 때는 좀 더 신뢰를 주기 위해 숫자를 넣어 '피곤을 12.76% 줄이는 방법'이라고 정리할 수 있다.

뭔 소리야? VS. 피곤한데 좀 들어봐야 하나?

'나의 무엇'으로 정리하면 상대방이 들을 이유가 없다. 그러므로 이 또한 '너의 무엇을 위한 나의 무엇'으로 상대방과 연결해서 한마디로 정리하는 걸 추천한다.

앞서 뇌가 정보를 받아들이는 메커니즘에서 봤듯이 연결되어야 기억한다. 연결조차 안 되는 정보는 기억되기는커녕 공중 분해된다. 내 생각을 상대방이 알아듣는 것과 연결해서 이야기하는 건 기본 중 기본이다.

그래서 기획력은 언어의 표현력이 성과를 좌우할 때가 있다. 그러니 한마디로 정리할 때 상대방 뇌가 좋아하는 3가지 표현을 더 살펴보자.

한마디 정리

_____ 위한 _____제안

너랑 연결되는 한마디 정리

뇌는 '숫자'를 좋아한다. 미국 출장을 다녀와서 진출한 시장을 추산하거나, 얻게 될 포인트를 생각한 후 기획서를 써야 한다고 해보자.

미국 출장 보고서

vs.

교육 매출 10억 향상 위한 미국 출장 보고서

미국 출장 보고서 : 3가지 핵심 트렌드 수집 목표

숫자가 들어간 쪽에 눈이 간다. 뇌는 앞서 말했듯 자기 보호 본능과 효율을 중시하는데, 숫자는 그것을 보장해주기 때문이다. D사에서 강의할 때 전무님이 하신 이야기가 기억에 남는다.

"얘들이 길게 길게 써 옵니다. 바빠 죽겠는데…. 그럼 저는 딱 하나 물어요. 여기 왜 돈 써야 하는데? 그럼 답을 못 해요."

"이거 왜 해야 하는데?", "이거 왜 읽어야 하는데?" 이런 상사 물음에 한마디로 답하기 좋은 건 숫자다. "10억이 달렸으니까요", "3가지가 바뀌니까요."

물론 숫자를 쓰기 어려울 때도 많다. 그렇다고 안 쓰면 전혀 감조차 잡히지 않는다. 어떻게 보이지 않은 걸 보이도록 알려줄 수 있을까? 좀 더 그 건에 대해 알아보고 고민한 내가 정리해서 보여줘야 할 일이다.

예를 들어, 증정하는 사은품을 바꾸고 싶다고 해보자. 왜냐면 현장에서 버려지는 사은품이 많기 때문이다. 나는 버려지는 이유 A를 발견했다. 그리고 기획서에 쓴다. "A 때문에 버려지니까 이렇게 바꾸자." 상대방은 심드렁할 수 있다. '사은품? 굳이? 왜?'란 생각이 든다. 그러니 내 관심은 사은품이나, 상대방의 관심 숫자로 써야 한다. 폐기되는 사은품 예시 하나를 정해 연간 폐기 비용이 얼마인지 계산 후, '연간 얼마 절감 위한 〈사은품 개선〉 제안'이라고 쓰는 거다.

사은품 개선 제안 vs. 연간 12억 아끼는 〈사은품 개선〉 제안

'요즘 쓰레기가 많다'보다는 '매일 우리가 만드는 43만 톤 쓰레기 산'이라는 제목의 신문 기사에 심장이 쿵 한다. 숫자는 느낌으로 느끼던 걸 현실로 절감하게 해준다.

숫자를 포함하는 건 내 만족이 아닌 상대방 중심 글, 즉 팔리는 글을 쓰는 사람이라면 필수다. 한번은 상세 페이지 잘 만들기로 소문난 펀딩 사이트 '와디즈'에서 '인기 프로젝트 top10'을 체크해봤더니, 다음과 같았다.

- 500만 원짜리 필라테스 기구를 9만 원으로 내 방에
- (3,401명 서포터들의 선택) 업그레이드된 리패드 #앵콜
- 20일 만에 어린 피부로, 임상으로 효과 확인된 플랑크톤크림
- 오락실 느낌 그대로! PC, 닌텐도, 스마트폰까지 9가지 호환 조이스틱

위에서 숫자가 들어가지 않은 것은 하나도 없다. 그들도 가만히 누워 있는데 숫자가 나온 게 아닐 거다. '어떻게 이 길고 긴 이야기를 숫자 하나에 담을 수 있을까?' 하고 고심한 결과다.

뇌가 좋아하는 4가지 숫자
- 가성비 입증: 500만 원 → 9만 원
- 몇 명 입증: 3,401명 선택한
- 시간 입증: 20일 만에
- 몇 가지 정리: 9가지 호환

회사 기획서에 적용
- 비용 계산: 얼마 절감/예산 대비 얻는 숫자
- 사람 계산: 몇 명 설문 결과/인증/몇 명 잡는 시장
- 일정 정리: 며칠 단축
- 개수 정리: 몇 가지/몇 가지가 우위인

내가 쓴 자료를 이와 비교해보자. 뇌가 좋아하는 숫자가 들어가 있는가?

숫자는 막연한 감정에 명료한 안심을 주는 데도 용이하다. 예를 들어, 내가 처음 책을 한두 권 낸 시기에 악의적인 책 리뷰에 감정이 상할 때가 있었다. 합리적인 비판은 도움이 되지만, 밑도 끝도 없는 악의적인 리뷰도 아주 가끔 있다. 참 신기한 게 수백 건의 감사한 리뷰들을 봤는데도 그 나쁜 리뷰 몇 개만 곱씹게 되었다. 남편이 그런 내가 안쓰러웠는지 본인이 가장 좋아하는 기타리스트를 보여주며 말했다. "신영아, 이렇게 전 세계적인 기타리스트 연주 영상에도 평균 5%의 '싫어요'가 달려. 신기하지? 이렇게나 잘하는데…." 그러면서 전 세계적인 아티스트 연주 몇 편을 연속으로 보여줬는데, 정말 평균 5%의 '싫어요'가 눌러져 있더라. 헉. 난 전 세계적인 것도 아닌데 오히려 좀 적은 편이네?

5%의 '싫어요.' 이런 명료한 숫자로 말해주니 기분 나쁜 감정을 해소하는 데 도움이 되었다. 그가 "신경 쓰지 마. 별것도 아닌데 뭐"라고 막연하게 말했더라면, "별거 아닌 거 아니거든?"이라고 힘없이 말했을 거다. 그러나 숫자가 논리적으로 너무 납득이 되었고, 전 세계적인 사람도 5%의 악평을 받는다면 여기 에너지를 쓰지 않아도 되겠다는 생각이 들었다.

스토리텔링에도 숫자가 많이 필요하다. 다음 카피를 보자.

가까운 데서 보니 피부 차이가 느껴졌다.

vs.

50cm쯤, 그녀의 얼굴이 다가왔을 때 차이가 느껴졌다.

- 라끄베르

50cm라고 숫자를 넣으니 더 명료하다.

더러운 스피커의 볼륨을 올렸다.

vs.

한 번 만지면 손에 세균 3만 마리는 붙을 것 같은 고물 스피커의 볼륨을
올렸다.

-『비행운』, 김애란, 문학과지성사

두 번째 문장이 훨씬 더 생생하게 다가온다.

진짜 열심히 했습니다.

vs.

저의 2,000시간이 오롯이 담긴 결정체 3가지 엄선해서 보여드리고자 합
니다.

이번에도 역시 숫자가 들어가니 훨씬 명쾌하다.

'내 인생의 비극은…'과 같이 구구절절 쓰인 글은 읽기가 부담스러우나, '2줄로 요약하는 나의 비극'은 눈길이 갈 가능성이 높다.

그런데 숫자를 쓸 때 주의해야 할 점을 하나 말씀드린다.

- 100% 보장하는
- 200% 효과 있는
- 10년 빠르게 해주는

이렇게 숫자를 쓰는 경우가 있다. 숫자 쓰기를 의식해서 노력하기 시작하신 것에는 박수를 보내지만, 이 또한 '쓰는 입장'이 아닌 '보는 입장'에서 점검해보시라. 100%, 200%, 10년 빠르게? 이 숫자를 보면 어떤 생각이 드시는지?

'뻥.'

신뢰를 주기보다는 '뻥 같다'는 느낌이 든다. 그러니 사례와 추산 근거를 넣은 '진짜' 숫자를 쓰려고 노력하시라. 하지만 이 모든 것의 전제는 말만 '그럴싸하게 포장한다'가 아니고 정말 괜찮지만 보이지 않는 것을 '보이게 정리한다'다. 이미 많은 것을 가지고 있지만 그걸 한마디로 정리하는 과정, 혹은 한마디로 정리하려니 가진 숫자가 없어서 숫자를 만들어내는 과정 속에서 깔끔한 기획이 시작된다.

당신의 기획은 주저리주저리인가, 읽고 싶은 숫자 하나가 있는가? 숫자는 당신만 알아보는 어려운 숫자인가, 상대방 머리에도 잘 그려지는 숫자인가?

숫자는 뇌에게 안심을 준다. '가성비 괜찮네', '대세감 괜찮네', '계산해봐도 괜찮네.' 상대방이 이렇게 확신하며 내 기획을 선택하도록 숫자로 정리할 게 있는지 체크해보자.

숫자 정리하기

VS. 123456789

주저리주저리 ➡ 숫자로?

비교

우리 뇌는 왜 비교를 좋아할까? 뇌는 완만한 차이는 잘 인식 못 하고, 이질적 차이를 강조해야 정보를 처리하고 기억한다. 그래서 단순 문장보다 비교 문장을 더 잘 기억하는 것이다.

비교로 가장 유명했던 광고 카피를 보자.

침대는 가구가 아니라 과학입니다.

- 에이스 침대

삼십 대 중반 이상이라면, 마치 구구단 외듯이 "침대는 가구가 아니라…"라는 말에 "과학입니다"로 대꾸한다. 플레이스테이션 카피도 살펴보자.

용서가 쉽다.

vs.

허락보다 용서가 쉽다.

그냥 "용서가 쉽다" 이랬다면 "뭐가 쉬워?"했을 것이다. 하지만 비교를 해서 보여주니, "그렇네. 허락받는 건 불가능하니까 허락보다는 용서가 쉽지. 당장 지르자!" 이런 큰 호응을 얻을 수 있었다.

비교의 힘은 상대방이 "그게 왜?"라고 물었을 때 답할 수 있게 해준다. "타사보다 이 3가지는 나아", "안 하는 거보다 이게 나아", "전체 대비 이랬는데 저렇게 바뀌었어." 이렇게 자기 보호 본능과 효율을 중시하는 뇌에게 납득할 대답을 주는 것이다. 뇌는 비교가 나올 때 가장 분석적이라고 여긴다. 듣는 사람으로 하여금 '이 사람이 편협하게 이것만 생각한 게 아니라 이것저것 다 비교해본 후에도 이게 좋다고 결정한 거구나'라고 느끼도록. 그래서 내 선택이, 의사결정이, '지름'이 상대적으로 괜찮겠다는 안심을 주는 거다. 즉, 비교란 단순 우위를 자랑하는 걸 넘어 '네가 신경 쓰는 걸 나도 신경 쓰고 있어'란 메시지를 주는 '안심용'이다.

비교를 통해 나올 수 있는 아웃풋은 크게 3가지다.

1. 대조: 타사others vs. 자사we

   ex. 타사 대비 3가지 우위

2. 흐름: 기존before vs. 변화after

   ex. 작년 대비 33% 증가

3. 구성: 전체all vs. 부분part

   ex. 전체 시장 68% → 50% 감소

특히 다이슨이 이걸 잘한다. 다이슨은 'V8 슬림 무선 청소기'를 출

시했을 때 이전 모델 대비,

40% 작아지고

40% 가벼워진

'슬림 소프트 롤러 클리너 헤드'가 탑재되었다고 이야기했다. 숫자와 비교를 함께 쓰면 정말 명확하게 느껴진다.

숫자 + 비교 = 깔끔하게 안심

같은 맥락에서 말 한마디를 하더라도 "단순히 A가 좋습니다"보다 "요즘에 C도 이런 이유로 많이 찾으시지만, 사실 A는 C 대비 이런 강점이 있습니다"라고 이야기하는 게 좋다. 상대방이 염두에 두거나 우려하는 걸 먼저 언급하고 비교하며 나의 것을 이야기하면 '이 사람은 내 마음을 알고 있구나' 하며 좀 더 안심하고 신뢰할 수 있다.

회사 설립 2년 차에 100억 원 매출을 내고 있는 '삼분의일'이라는 매트리스 회사가 있다. 회사 이름이 '삼분의 일'인 이유는 하루의 3분의 1을 차지하는 수면 시간이 바뀌면 나머지 3분의 2의 시간도 달라질 수 있다고 믿고, 그 여덟 시간을 완벽하게 채워줄 수면 관련 제품을 만들기 때문이라고 한다. 그 핵심은 매트리스다.

네이밍도 참 센스 있는데 제품 설명 또한 깔끔하다. 홈페이지에서 일부를 발췌해보았다.

삼분의일 매트리스는 접착제를 사용하지 않습니다. 대부분의 폼 매트리스는 본드를 사용해 폼을 접착합니다. 삼분의일은 유해한 접착제를 사용하지 않고, 독자적인 열접착 기술을 통해 만들어집니다.

접착제를 사용하지 않은 삼분의일 vs. 본드를 사용하는 대부분

이렇게나 유려한 말투로 날카로운 비교를 해내는 것에 놀랐다. 꼭 우리만 '단독'으로 하는 것을 써야 한다는 강박 때문에 비교를 어려워하시는 분들이 계시지만, '대부분이 그런데 우리는 그렇지 않은 것', '여태까지는 상식이었는데 우리는 달리 하는 것', '어제까지 우리도 했는데 더 나아진 것'을 정리하는 것도 상대방에게 안심을 주는 좋은 정보다. 그러니 나의 주저리주저리를 비교 한 문장으로 정리해보자.

- 저것보다 이것
- 이것 vs. 그렇지 않은 저것들
- 저것보다 ○○가 좋아진 이것
- 저것보다 이것이 좋은 이유 ○가지

비교 문장 정리하기

가 아니라

주저리주저리 ➡ 비교 문장 한마디로?

비교표
비교 + 표

비교 문장을 넘어 비교표를 그려주는 것도 방법이다. 나의 기획을 본 상대방이 "오, 괜찮다"만 하면 좋겠지만, 금세 "이거 진짜 괜찮나?", "비슷한 거 많지 않나?" 하며 스멀스멀 올라오는 의심을 드러낸다. 이때 필요한 건 한눈에 보이는 '비교표'다.

"안 보이는데 어떻게 믿어?" 이런 질문에 납하려면 보이게 표를 한 장 만들어줘야 한다.

얼마 전 수액으로 만든 화장품 '로우소스' 소개서 작성 워크숍을 했다. 다들 수액의 장점을 이야기하고 정리하기 바빴다. 수액은 분자 크기가 86Hz라서 흡수가 잘되고, 필수 영양 6가지가 함유되어

크기 : 86Hz
인체 체액과 비슷한 크기라 깊게 흡수

피부 필수 영양 6가지까지 함유
칼슘, 미네랄, 포도당, 지방산, 아미노산, 비타민

수분 날아가지 않도록 보호막
단풍나무 수액에 있는 천연 보습제

있고, 단풍나무 수액에 있는 천연 보습제가 피부 수분이 날아가지 않도록 보호막을 만들어준다 등의 내용들이었다.

너무 대단한 팩트들이지만, 대단하게 느껴지지 않는다. '수액이 그런가 보다…' 정도. 그렇다면 내가 말하고 싶은 수액만 이야기하기보다 'Not 수액', 즉 수액 아닌 맹물(정제수)로 만든 화장품과 비교해서 논리를 만드는 거다.

	맹물	수액
1.보습	크기:120Hz 사이즈 커서 흡수 어려움	크기:86Hz 인체 체액과 비슷한 크기라 깊게 흡수
2.영양	그냥물뿐	피부 필수 영양 6가지까지 함유 칼슘, 미네랄, 포도당, 지방산, 아미노산, 비타민
3.보호	금방 날아가요	수분 날아가지않도록 보호막 단풍나무 수액에 있는 천연 보습제

또 어떤 비교표가 필요할까? 우리랑 비슷한 수액들 대비 우리 수액이 어떤 강점이 있는지 보여줘야 한다. 긴말 필요 없이 비교표 2장(전 vs. 후, 딴 거 vs. 우리 거)이면 충분하다.

그래서 워크숍 내내 물었다. "수액? 수액(A)이 뭔데요? 수액 아니면(Not A) 뭔데요?(맹물로 만든 화장품) 수액을 쓰면(A)요? 수액 안 쓰면(Not A) 어떤데요? 우리 수액은 어떻고 다른 수액은 어떤데요?

이때 주의해야 할 점은 비교는 단순한 '자랑'을 위한 게 아니라는 것. 자랑만을 위한 비교는 보는 이도 거북하다. 상대방의 안심, 납득을 위해 비교한다는 사실을 유념할 것. 이를 잊으면 상대방에게 필요 없거나 의미 없는 비교표를 그리는 일이 많다. 열심히 비교표를 만들었는데, 상대방은 심드렁한 경우가 있다. 왜일까? 이건 축이 네 축이 아닌 내 축이기 때문이다. 내가 중요하다고 생각하는 포인트로 비교표를 그린다면, 상대방에 의미가 없을 수 있다.

구호단체에서 강의를 할 때 '왜 수많은 구호단체 중 여기여야 하는지' 보여주는 비교표를 같이 작성해보자고 했다. 다 같이 좋은 일 하는 곳인데 그렇게 경쟁하는 것처럼 보이는 건 자기 성향에 안 맞을 수 있으나, 그야말로 피땀, 눈물 흘려 번 돈을 후원하는 후원자를 배려한다면 '내가 "여기" 선택하는 거, 괜찮은 거구나' 하는 안심을 시켜주는 게 예의다. 그렇다면 왼쪽 축을 정할 때도 상대방(후원자)

〈가장 관심 높으신 3가지 항목 비교〉

	자사	A	B
사업규모 → 많은 지역에서 신뢰 받아왔는지	이미 신뢰를 쌓은 n개국, 1억 여 옷		
투명성 → 아이에게 정말 돈이 잘 가는지	몇 년 기준 가장 높은 사업비 비중 $n\%$		
사업방식 → 후원 부작용이 많던데 대비는	일시 도움아닌 자립 목표 (n개 65만명 자립 마을 성료)		

입장에서 정리하는 거다.

축은 상대방이 신경 쓰는 내용으로 선별해야 한다. 그래서 우리의 강점이면서 상대방이 관심 있는 쪽으로 정하면 베스트다.

이 예시 표는 3개의 축으로 정리했다. 첫째, 많은 지역에서 오랜 시간 활동하며 신뢰를 받아왔는지 보여주는 '사업 규모'를 꼽았다. 둘째, 요즘 가장 이슈가 되는 문제, 즉 진짜 아이들에게 돈이 가는지 보여주는 '투명성'을 선정했다. 마지막으로, 부작용이 많다는 단기 후원에 대한 대비가 있는지 보여주는 '사업방식'을 넣었다. 이렇게 3가지로 나눠 강점을 정리했다.

그런데 축에 사업 규모, 투명성, 사업방식이라고 쓰면 무슨 말인지 직관적 이해가 어려울 수 있다. 그러니 '아이에게 정말 돈이 잘 가는지?' 등과 같이 상대방이 진짜 쓰는 말투로 한 줄씩 추가해주는 것도 이해를 돕는 방법이다. 내용은 나만의 주장이 되지 않게 하기 위해 각각 숫자, 사례가 있는 팩트를 넣으려고 노력해야 한다. 그리고 가능하면 표 오른쪽 아래에는 출처를 표시해 정보 신뢰도를 더하자.

비교 대상을 넣을 때도 주의할 점이 있다. "A, B보다 나아"라고 보여줬을 때 '괜찮은 것 같다'라고 생각하는 경우도 있지만, 상대방이 관련 정보가 너무 없는 경우는 'A, B가 누군데?'라는 의문을 가질 수 있다. 이 경우 A, B가 비교할 만한 대상인 걸 알려주는 선별 기준을 표시해준다. 예를 들면 아래와 같이 오른쪽 위에 작게 적어주는 거다.

비교표를 그릴 때는 정말 상대방의 마음을 헤아리는 센스가 필요하다. 꼭 1등이어서 비교표를 잘 그릴 수 있는 것은 아니다. 때론 밑도 끝도 없이 1등이라는 걸 강조하면 상대방 상황은 모르고 자기 자랑만 하는 느낌을 주어 거부감을 일으킬 때도 있다. 그러니 상대방을 헤아리는 축을 더해 1등으로서의 강점을 그려줘야 한다.

1등이 아니라면 또 다른 공략할 부분을 생각해보면 된다. 쉽게 말해 너무 잘나가는 연인은 너무 바빠서 상대방을 섬세하고 다정다감하게 챙기기 어려울 가능성이 높다. 1등이 아니라면 이런 축을 공략하는 것이다. 규모가 크기 때문에 1등이 세세하게 못 챙기고 있는 것, 하지만 소비자들은 필요한 것을 축으로 정리하는 접근도 아주 좋은 방법이다.

인간은 손실 회피 성향이 강하다. 즉, 이득보다 손실에 훨씬 민감한 것. 예를 들어, 1만 원을 잃어버렸을 때 느끼는 상실감은 1만 원을 얻었을 때 느끼는 행복감보다 크다. 정서적으로 두 배의 차이가 난다는 실험 결과도 있다. 비교표는 손실 회피 성향의 뇌에게 안정감을 준다.

그래서 잘 정리된 비교표 한 장으로 제안이 성사되는 경우도 많다. 요즘처럼 가성비를 따지는 시대에 비교표 그리기는 선택보다 필수인 것 같다. 비교표가 안 그려진다면? 그릴 게 없다면? 그 내용을 채우기 위해 무엇을 강화해야 할지 생각해보는 게 진짜 기획의 시작이다. 축조차 정하지 못한다면? 기획의 대상자에 대해 잘 모르고 있는 거니, 어서 구시렁을 수집하러 나가시라.

비교표 정리하기

핵심 3가지 비교

	우리	A	B
1.[　　]			
2.[　　]			
3.[　　]			

긴 말보다 비교표 한 장이 더 효과적

비유

어떤 정보는 내 입에서 상대방 뇌에 가기도 전에 "뭔 소리지?" 같은 한마디 의문에 거부당한다. 이에 반해 비유는 거부당하지 않고 상대방 뇌에 가서 딱 달라붙는다. 어떻게 그게 가능한가? '네가 아는 그것과 비슷한 이것이잖아'라고 상대방 뇌 속에 있는 것과 연결시켜 이야기하기 때문. 새로운 걸 받아들이기 싫어하는 뇌에게, 그래서 나와 무관한 것은 듣기 싫어하는 뇌에게 '아, 그거?' 하고 한 번 더 생각할 수 있도록 도와주는 것이 비유다.

사람들은 "공모전으로 상을 많이 받은 박신영입니다"에는 심드렁하지만 "공모전으로 이미 혼수 준비를 다 마친 박신영입니다"는 더 잘 받아들인다. 머릿속에 '혼수 = 얼마'의 정보를 가지고 있기에 연결되어 좀 더 쉽게 이해할 수 있는 것이다.

예전에 카카오 김범수 의장님 인터뷰를 읽었는데, 하시는 말씀이 뇌리에 쏙쏙 들어왔던 적이 있다.

예전 같은 고속성장 시대에는 좋은 대학 가면 좋은 직장에 들어가는 것이 성공 공식이었다. 하지만 저성장 시대에 들어가면서 좋은 대학에 들어갔다고 안정적인 직장이 보장되는 것은 아니다. 지금은 문제 해결 능력이 필요한데, 지금 교육 과정에서는 이를 배울 수 없기 때문이다. 이건 마치 열심히 축구 경기를 준비한 선수가 경기장에 들어서는 순간, 야구장으로 바뀐 것과 같다.

캬, 찰떡 비유다. 미친 듯이 축구를 준비했는데 경기장에 들어서는 순간 종목이 야구로 바뀐 것이라니, 참 쉽다. 그렇지만 날카롭다. 나는 기획도 마찬가지라고 생각한다. 열심히 수능 공부, 전공 공부하고 사회에 나왔는데, 회사에 들어오면 그런 공부와는 상관없는 기획서를 써 오라고 한다. 이 얼마나 이처구니없을까. 특히 공학도나 예술 전공자는 더욱 그럴 것이다. 심지어 경영 전공자에게도 학생으로서의 기획과 회사원으로서의 기획은 다른데 말이다. 이렇게 축구를 준비한 이들에게 야구를 최대한 쉽게 가르쳐주고픈 게 나의 심정이다.

평소 "피곤해 죽겠는데 뭔 운동이야" 하다가 얼마 전 친구랑 이야기를 하며 '운동 좀 해볼까?'란 생각이 들었다. "근육 없으면 만성피로가 심하대"라고 말했다면 내 마음은 조금도 움직이지 않았을 것이다. 하지만 "근육이 없으면 마치 오래된 배터리 같아서 충전도 잘 되고 방전도 빨리 된다고 하더라"라는 말 중 '오래된 배터리'란 단어가 뇌리에 박혔다. 나는 오래된 배터리가 얼마나 말도 안 되게 빨리 방전되는지 그 불편을 겪어본 1인이기에 너무나 강렬하게 고개를 끄덕였다.

나에게 비유의 중요성을 절절하게 가르쳐준 또 다른 사례가 있다. 좀 오래된 일이지만 '디아블로3'가 정말 오랜만에 나왔을 때였다. SNS에 회자되던 이 글을 읽고 정말 많이 배웠던 기억이 있다. '디아블로3'가 나왔을 때 미친 듯이 너무 좋았던 한 남자는 이걸 이해하지 못하는 여자친구를 이해시키고자 고심한 후(우선 이런 노력이 멋지다), 샤넬 브랜드를 좋아하는 여자친구에게 이렇게 말했다고 한다.

남자   ○○야, 샤넬 예쁘지?

여친   어휴, 말해 뭐 해.

남자   근데 샤넬에서 10년 동안 신상이 안 나오면 어떨 것 같아?

여친   헐. 상상도 하기 싫지.

남자   그럼 샤넬에서 10년 동안 신상이 안 나오다가, 10년 만에 딱 신상
        이 나오면?

여친   헐. 완전 난리 나지.

남자   지금 디아블로3가 나온 게 바로 딱 그 상황이거든.

여친   헉. 난리 난 거네?

내가 하고 싶은 말을 너의 머릿속에 있는 걸로 이야기하는 것. 진짜 고수 아닌가. 이걸 배워 나 또한 노트북을 새것으로 바꾸고 싶을 때 써먹었다. "새 노트북 살까?", "새 노트북 사야 돼" 정도로는 근검절약 1등이자 후기 다수 수용자인 남편에게 씨알도 안 먹히는 상황.

포기하지 않고 차근히 남편 입장에서 생각해보고 말하기로 했다.

우선 나의 노트북과 남편의 무엇이 비슷할지 고민해보았다. 기타를 치고 기타 앰프를 매우 중시하는 남편. 강의를 하는 나에게 핵심 장비가 노트북이라면 그에게는 기타 소리를 조정해주는 앰프인 것이다.

나 　오빠, 앰프가 진짜 중요한 거 같아.

남편 　당근이지.

나 　앰프에 따라 기타 소리가 진짜 다르더라.

남편 　그렇지. 좀 아네….

나 　가장 아찔한 일이 무대 올라갔는데, 세팅할 때는 괜찮던 기타에서 갑자기 이상한 소리 나는 거잖아.

남편 　아, 생각도 하기 싫어. 그게 진짜 아찔해. 지난번 공연 때 그랬잖아. 이미 시작한 곡인데 멈출 수도 없고, 환장하지. 최악이지. 다시 내려와서 조정하면 없어 보이고.

나 　나한테 노트북이 그래. 이미 강의 시작했는데 노트북이 조금이라도 삐꺽하면 피가 거꾸로 솟는 것처럼 아찔해. "죄송해요. 좀 고치고 할게요." 이럴 수도 없고. 나에겐 매일 하는 교육이지만 그 회사에서는 1년에 한두 번 야심 차게 준비하는 교육이니까. 근데 지금 노트북이 약간 문제가 될 조짐이 있는데, 이게 강의 현장에서 문제 되면 그때는 늦어. 그래서 나 노트북 사야 할 것 같아.

남편 사야겠네.

당시 이 무심한 네 글자를 들었을 때 너무 기뻤고, 이 방법이 정말 먹혀서 오히려 너무 놀랐었다. 이걸 경험한 이후로 더더욱 상대방의 언어로 내 것을 말하려고 노력한다. 때론 안 통하기도 하지만 확실히 상대방 이해도는 높아진다. 그런데 기타 튜닝을 하고 싶었던 남편이 "기타 튜닝 좀 할게" 하지 않고 "기타 튜닝이 좀 필요한데, 이건 마치 네가 '책의 개정판'을 내는 것과 비슷한 거야"라고 말하는 것을 보며 정말 푸하하하 웃었다. 그도 전략이 있구나. 그의 전략에 정말 유쾌하게 "오케이"를 외쳤다.

때론 상대방이 당신의 기획이 싫어서 거절하는 게 아니라 그저 이해가 안 된 것일 수도 있다. 그러니 한두 번 실패한다고 실망하지 마시고 계속 훈련해보시라. 내가 말하고 싶은 걸 너의 뇌에 있는 것으로 이야기하기. 이렇게 하면 말과 글의 효율이 눈에 띄게 좋아진다.

'너의 뇌 속에 있는 걸로 말한다'가 비유의 핵심이다. 그래서 비유까지 못 가더라도 상대방의 언어를 쓰려고 노력해야 한다. 전문가의 언어를 고객의 언어로 통역해서 쓰고, 기획자의 어투가 아닌 사용자의 어투로 기획할 것. 그래야 그들의 뇌에 진입이라도 할 수 있으니. 그래서 기획자는 고객 언어를 관찰하고 배워야 한다.

월드비전의 '스쿨업' 사업 소개서를 기획할 때였다. 처음부터 나는 이해가 어려웠다. "아프리카 애들한테 왜 공부시켜요? 좀 산과 들로 가서 놀게 해야지." 이쪽에 무지하고 '공부 = 입시' 연상회로를 가진 나 같은 사람은 이런 오해를 할 수밖에 없다. 특히나 공교육을 많이 어려워하고 방황해서 흔치 않은 고등학교 휴학까지 했던 나로서는 더욱 자유롭게 잘 살고 있는 아프리카 어린이들을 괜히 고생시키는 거 아닌가 싶은, 모르기 때문에 하는 걱정이 있었다. 이런 경우 "어떻게 그리 무식하니?"라고 할 게 아니라, 상대방이 알아듣는 걸로 연결해서 이야기해줘야 하는 거다.

학습자님께서 2주 끙끙 고민을 하고 오시더니 이렇게 설명해주셨다. "저희가 자주 듣는 질문이에요. '아프리카 아이들까지 꼭 공부시켜야 하나?' 하지만 한번 상상해볼까요?" 학습자님은 지하철 노선도와 맥도날드 메뉴판을 보여주며 말을 이으셨다.

"오늘 우리가 타고 온 지하철 노선도 글씨를 읽을 수 없고 점심에 먹은 맥도날드 메뉴판을 못 읽는다면 아이들은 어떻게 될까요? 그저 단순한 장소 이동도 못 하고 식당 캐셔를 보는 알바조차 못 하게 됩니다. 이렇게 아프리카 아이들에게 공부란 '경제 활동'과 직결된다는 거죠. 실제로 아이가 글만 알아도 자립하는 데 도움이 된다는 연구 결과가 많은데요, 저소득 국가 아이들이 읽고 쓰게 되면 약 1억 7,100만 명이 빈곤 탈출을 할 수 있고, 학교 다닌 기간이 1년 늘어날 때마다 수입이 약 10%씩 증가한다는 2014년 유네스코 교육 분야 보고서 UNESCO Education For All 통계가 있습니다."

여기까지 듣는 순간 이마를 딱 치고 이해하게 되었다. 나와 무관한 아프리카 아이들 공부를 나와 밀접한 지하철, 맥도날드로 연결해서 말해주었으니. 아이가 독립적으로 살 수 있도록 도와주는 기본적인 교육이 필요하다는 말이었다.

내가 말하는 것이 상대방의 뇌 속에서 "아!!!"까지는 아니더라도 최소한 "아, 그거랑 비슷한 거?"라는 반응을 끌어내야 한다는 것. 더불어 이 순간 신뢰를 줄 증명 자료를 더해 더 견고한 이해를 도와야 한다는 것. 이 2가지를 잊지 말자.

아이 한 명 더 살리고자 2주 동안 끙끙 고민하시고, 결국 나를 이해시켜주신 학습자님께 존경의 마음을 전한다.

비유 "이건 마치" 한마디 정리하기

내가 하고픈 말을 네 뇌 속에 있는 것으로 말하기

진심

정보가 너무 많다. 그중에 어떤 정보를 선택할까? 당연히 나를 배려해주는 정보일 것이다. 좀 더 정확히는, 수많은 정보 중 '혹시 잘못 선택한 게 아닐까' 하는 두려움에 휩싸인 나를 안심시켜주는 것. 앞에서 숫자와 비교를 선호하는 뇌에 대해 이야기했다. 그런데 숫자와 비교가 들어가기 어려운 경우에는 어떻게 해야 할까? 최소한 '니마음 알고 있고 신경 쓰고 있어'가 느껴져야 한다. 어떻게? 상대방의 진심을 아예 대표 한마디로 쓰는 거다.

김정운 교수의 초대형 베스트셀러 『나는 아내와의 결혼을 후회한다』를 기억하는지? 누가 이런 제목을 지었는지 정말 기가 막힌다고 생각했다. 두 쌍 중 한 쌍이 이혼하는 시대에 '아내와 하하 호호 웃음꽃 피우며 사는 법' 같은 제목은 귓등으로도 안 들릴 거다. 서점에 갔는데 '엇, 누가 내 마음을 써놨지?' 생각하고 홀리듯 책을 집어 든 남자들이 없었다면, 이 책이 그렇게 많이 팔릴 수 있었을까? 또한 이 책은 그런 생각을 했다는 죄책감에 힘들어하는 누군가에게 '나만 그런 게 아니구나' 하는 큰 위로가 되기도 했다. 그런 상황을 인정하고 현실적으로 어떻게 하면 되는지 알려주면 그 이야기를 듣게 될 가능성이 높다.

우리가 일상 대화를 할 때도 너무 이상적인 이야기를 하는 사람은 나와의 간극이 너무 커서 '이 사람은 뭘 모르는구나' 혹은 '날 이해하지 못하겠구나' 싶다. 하지만 "그거 진짜 힘든 거잖아", "아, 정말 열 받는 일일 텐데 어떻게 했어?"라고 한다면 '이 사람은 뭔가 좀 아는 사람이구나. 좀 통하는 사람이구나' 한다. 우리는 '내 마음을 알아주는 사람 = 뭘 좀 아는 사람'으로 인식하니까.

강의를 하다가 한 학습자님께 재밌는 이야기를 들었다. 백화점에서 구두 영업을 하셨는데, '구두가 얼마나 예쁜지'를 이야기하면 반응이 그저 그런데 구두를 신은 '고객의 발이 얼마나 예뻐 보이는지'를 이야기하면 거의 100% 사갔다고.

구두가 예뻐요 vs. 발이 예뻐 보여요

"구두가 예뻐요"라고 한다면 '네가 구두를 파니까 당연히 예쁘다고 하겠지. 구두 말고 나한테 어울리냐고'라고 할 속마음을 포착한 센스가 아닌가. 이런 센스를 발휘할 때도 포장만 그럴듯하게 하는 게 아니라 제품(혹은 콘텐츠)이 괜찮아야 한다는 기본 전제는 당연하다.

실제 사례를 하나 더 보자. 내 아이는 너무 소중하지만 계속 놀아달라는 아이가 때론 체력적으로 벅찰 때가 있다. 그런 내가 며칠 전

정신없이 장난감 하나를 결제했다. 상세 페이지에 크게 쓰인 이 글귀 하나 보고.

'반나절이 뚝딱 가는 블록'

블록에 대한 설명은 보지도 않았다. 저 글귀에 홀린 듯 샀던 나 자신도 웃기다. 나도 좀 쉬고 싶은데 때론 '아이가 혼자 좀 길~게 놀았으면'이란 내 진심을 상세 페이지에 써놓은 담당자 대단하다(하지만 아이는 혼자서는 블록을 잘 안 했다고 한다).

얼마 전 개발자가 많은 회사에 강의를 갔다. 회사 직원 중 발표를 잘하시는 분이 프레젠테이션 교육을 진행하시는데, 그분 교육이 너무 실제적이고 반응이 좋으며 과정명도 좋다는 거다. 과정명에 "발표 안 할 거 같죠?"가 들어간다고 했다. 개발자 대부분이 자기는 발표와 무관하다고 생각하는데, 직급이 높아질수록 발표할 일이 많아져 매우 곤란해한다는 얘기였다.

근데 그냥 '발표 교육'이 아닌 내부에 있는 선배가 진짜 자기 속마음을 알 듯 질문을 던지니 '앗, 어떻게 알았지? 나 그렇게 생각하는데, 그런데 그게 아닌 거 같네?'라며 한 번 더 눈길 간 게 아닐까? 저렇게 듣는 사람의 진심을 생각하는 분이라면 당연히 상호 교류적인 발표를 잘할 수밖에 없을 것 같다.

한번은 '생활공작소'라는 브랜드에서 주방세제를 샀는데, 이름이 '여보, 먹었으면 치워야지-주방세제'로 되어 있어서 이마를 쳤다. '내가 하고픈 말, 왜 여기 예쁜 폰트로 쓰여 있어?' 싶었다.

내가 기획하고 있는 영역에서 공략할 사람들, 그리고 허심탄회하게 나오는 속마음 구시렁을 100개 정도 모아보시길. 나는 정말 이 과정을 길게 한다. 사람들이 필터링 없이 하는 말들을 산 채로 포획하는 거다. 수집한 내용을 내 언어로 가공하지 않는다. 그냥 살아 있는 그대로 가져와 내 콘텐츠랑 붙인다.

나를 모르는 사람이 만든 것 같은, 나와 무관한 사람이 만든 것 같은 콘텐츠보다 나를 아는, 나의 속마음까지 이해하는 사람이 만든 콘텐츠를 선택하는 건 당연한 거 아닌가.

진심 한마디 정리하기

상대방이 툭 내뱉는 진심을 건져오기

5Why

잘 팔리는 건 이유가 있다

05

．．．

똑같은 제품인데 왜 A는 팔리고 B는 안 팔릴까. 핵심은 고객에게 연결되는지 여부 아닐까.

예시를 하나 보자. 전 직장 폴앤마크에서 '우뇌 그림 그리기'의 대가 크리스틴 뉴턴Kristin Newton을 초청해서 세미나를 열게 되었다. 그럼 기획을 할 때 '우뇌 그림 그리기의 대가, 크리스틴 뉴턴 초청 세미나!'라고 쓰게 될 가능성이 높다. 그저 내가 이야기하고 싶은 내용 위주로.

상대방 입장에서는 어떻게 받아들일까? '내가 애도 아니고 바쁜데 그림은 무슨…' 하고 말 것이다. 그러면 연결조차 쉽지 않을 수 있다. 그럼 기획자는 생각한다. '아니, 이렇게나 좋은 행사에 왜 오지 않지? 내 천재성이 너무 앞서갔나…?' 그렇다. 너무 앞서갔다. 연결되지 않고 혼자만 달렸다.

상대방의 뇌에 연결되기 위해서 '상대방'이 '왜' 와야 할지 생각해 보자.

'그림 그리기 세미나에 왜 와야 할까?'

'음… 좋으니까.'

그렇다면 "좋으니까 오세요"라고 말하면 될까? 물론 좋다. 좋으니까 세미나를 여는 거다. 하지만 요즘에 안 좋은 건데 탄생한 기획물이 뭐가 있을까. 사람들은 바쁘고 피곤한데 돈까지 드는 것에 단순히 "좋으니까"란 대답으로 움직이지 않는다.

그래서 이렇게 한 번만 묻고 끝내지 말고 숨겨진 진짜 이야기, 진짜 why가 나올 때까지 물어봐야 한다. 이 과정이 이름하여 '5Why'다. 이것은 도요타의 사장이었던 오노 다이이치大野耐一가 사용한 질문법이다. 문제에 부딪혔을 때 '왜'를 다섯 번 반복하면 진짜 원인을 알 수 있고, 그래야 진짜 대책을 세울 수 있다는 것이다. 물론 다섯 번은 상징적인 수다. 두세 번 만에 진짜 why가 찾아지기도 하고 열 번도 넘게 물어야 할 때도 있다.

그림 그리기 세미나를 열 당시 첫 번째 타깃은 직장인이었다. 즉, '직장인'은 '왜' 와야 하는지 연속해서 물어봐야 하는 것.

자문   왜 직장인들이 와야 할까?

자답   그림 그리기의 대가가 온다고!

자문   그건 네 생각이고, 사람들은 크리스틴 뉴턴을 아무도 모르잖아.

자답	모르는 놈이 무식한 거지.
자문	끙…. 왜 와야 할까? 굳이 직장인들이?
자답	도움이 되지. 배워두면.
자문	그니까 왜 직장인들에게 도움이 될까?
자답	뭐, 보면서 그리니까 관찰력도 좋아진다잖아.
자문	관찰력 좋아지는 게 왜 직장인들에게 도움이 될까?
자답	현장에서 아쉬운 게 좁은 관점이잖아. 남들이 못 보는 다른 걸 봐야 새로운 게 나오는데, 그림 그리기를 통해 그런 걸 배울 수 있잖아.
결론	그래! '관점을 키우기 위해' 그림 그리기가 필요하구나!

그림 그리기를 배우면 좋은 점은 100가지도 나열할 수 있다. 여기서 기획자가 해야 할 일은 상대방 입장에서 왜 좋은지를 찾는 것. 그리고 그 연결된 걸 중심으로 기획하는 거다. 그래서 비즈니스 현장에서 문제 해결력에 도움을 주는 creative view를 배우기 위해서

라고 정리할 수 있었다.

"왜 직장인들이 와야 할까?"를 계속 묻다 보니 내 입장에서 설명하고픈 말들은 좀 들어가고, 상대방의 근본적 why에 맞게 기획할 수 있게 되었다. '남들이 못 보는 걸 보고 시장의 기회를 포착하는 직장인이 되고 싶다'라는 본질을 찾은 것이다. 이 또한 말만 번지르르하게 정리하는 것이 중요한 게 아니라, '내가 가진 것을 너와 연결되게/도움되게 정리하는 것'이 포인트라 할 수 있다.

삼성에서 벤치를 키우는 프로그램 'C랩 아웃사이더'에서 두뇌개발 앱 '두브레인' 소개서 만드는 교육을 한 적이 있다. 뇌 전문가의 모임이었기 때문에 처음에 계속 뇌과학, 시냅스, 전두엽 등 뇌 관련 이야기가 나왔다. 그런 '어려운' 팩트들이 나쁘다는 것이 아니라, 그것을 상대방이 알아듣도록 연결해서 전달해야 한다는 것.

나   두뇌 교육이 아이들에게 왜 필요할까요?

전문가   머리 좋아지면 좋죠. 어릴 때 두뇌가 발달하면 학습 능력이 달라지고 공부든 뭐든 하고 싶은 걸 잘할 수 있으니까요.

나   그렇게 원해도 누구는 머리가 갈수록 개발되는데, 누구는 퇴화되는 이유는 뭘까요?

전문가   하버드 대학교 발달아동센터 소아과전문의 잭 숀코프 Jack P. Shonkoff에 따르면 결국 핵심은 유아기 때 자극이래요.

나 그럼 맨날 영상 보여주는 것도 자극이 되겠네요. 그런데 그건 왜 문제일까요?

전문가 일방적 영상은 시각만 자극하니까요. 지속적으로 같은 자극만 받으면 다른 감각은 있던 것도 퇴화된다고 해요. 골고루 자극해야 연결되고 강화된다고 하죠.

나 아! '어릴 때 두뇌를 골고루 자극하기 위해서' 두브레인이 필요하다고 해야겠구나.

대화를 통해 발견한 핵심인 뇌 자극 여부, 그리고 다른 앱들보다 골고루 자극하는 두브레인을 한 장으로 이렇게 정리할 수 있었다.

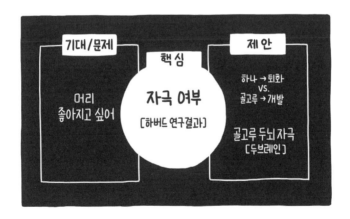

이렇게 정리했다면 이제 ① '정말' 골고루 ② '남들보다' 골고루 자극하는지 증명해서 보여줘야 한다. 이걸 개발자의 언어가 아닌 소비

자의 언어로 쉽게 보여주기가 참 어려웠다. 3~4주 끙끙거린 뒤 함께 정리할 수 있었다.

기억력 하나를 높이기 위해 자극해야 할 두뇌 경험을 표로 정리해 색깔로 각 상황을 비교해서 보여주기로 한 것이다. 기억력을 높이기 위해 자극해야 할 두뇌 경험을 구분하니 이렇게 표 하나로 정리되었다.

사물	사물, 순서	사물, 위치, 드래그, 시선 분산, 색	사물-부분 전체 (추리)	사물, 위치	사물·물체, 선택 I	사물, 수량			
색	색, 변화순서	색, 형태	색, 위치	도형	도형, 유추	도형과 사물, 형태 (조합)			
형태	형태, 2중색	형태 (숫자)	형태 (길)	세부형태	형태 (숫자)나 위치				
물체, 선택 I	물체, 특징	물체, 선택 III, 드래그	물체, 선택 III	물체, 방향, 위치	물체, 조건	물체, 세부형태	물체, 선긋기	유사물체, 색	물체, 색, 세부형태
위치, 선	위치, 물체	위치, 드래그	위치 혹은 색	이동 동선	위치, 동선, 그리기	무작위 이동, 높이	회전, 기호	움직임-위치	
방향	순서	청각	청각, 선긋기	동작					
조건, 어려운 물체	조건, 선택 II, 색	조건, 선택 I, 물체	조건, 선택 II	조건, 선택 II, 물체	조건, 선택 II, 사물, 선긋기				
간섭 작용 I, 물체	간섭 작용 I, 물체, 위치	간섭 작용 I, 물체 조건	간섭 작용 I, 장면, 물체	간섭 작용 I, 장면, 물체, 색	간섭 작용 I, 유사 물체	간섭 작용 I, 장면, 선긋기	간섭 작용 I, 어려운 물체, 선택 II	간섭 작용 I, 물체, 순서	간섭 작용 I, 물체, 드래그

〈기억력 대표 유형〉

* 두브레인연구소

그리고 다음 장에는 엄마와의 대화를 통해 60개 중 5개 자극을 경험하는 것을 색으로 표시해주었다.

1. 일상생활 (ex. 엄마와의 대화) 8% 자극

사물	사물, 순서	사물, 위치, 드래그, 시선 분산, 색	사물-부분 전체 (추리)	사물, 위치	사물·물체, 선택 I	사물, 수량			
색	색, 변화순서	색, 형태	색, 위치	도형	도형, 유추	도형과 사물, 형태 (조합)			
형태	형태, 2중색	형태 (숫자)	형태 (길)	세부 형태	형태 (숫자)나 위치				
물체, 선택 I	물체, 특징	물체, 선택III, 드래그	물체, 선택III	물체, 방향, 위치	물체, 조건	물체, 세부형태	물체, 선긋기	유사물체, 색	물체, 색, 세부형태
위치, 선	위치, 물체	위치, 드래그	위치 혹은 색	이동 동선	위치, 동선, 그리기	무작위 이동, 높이	회전, 기호	움직임-위치	
방향	순서	청각	청각, 선긋기	동작					
조건, 어려운 물체	조건, 선택II, 색	조건, 선택I, 물체	조건. 선택II	조건, 선택II, 물체	조건, 선택II, 사물, 선긋기				
간섭 작용 I, 물체	간섭 작용 I, 물체, 위치	간섭 작용 I, 물체 조건	간섭 작용 I, 장면, 물체	간섭 작용 I, 장면, 물체, 색	간섭 작용 I, 유사 물체	간섭 작용 I, 장면, 선긋기	간섭 작용 I, 어려운 물체, 선택II	간섭 작용 I, 물체, 순서	간섭 작용 I, 물체, 드래그

〈기억력 대표 유형〉　　　　　　　　＊두브레인연구소

　　그다음 엄마들이 아이들 두뇌를 자극하기 위해 주로 생각할 수 있는 대안인 학습지 중에서도 특히 점유율 1위 학습지를 분석해보니, 60개 중 20개 두뇌 자극이 되도록 설계되어 색으로 표시해주었다.

2. 학습지 33% 자극

사물	사물, 순서	사물, 위치, 드래그, 시선 분산, 색	사물-부분 전체 (추리)	사물, 위치	사물·물체, 선택 I	사물, 수량			
색	색, 변화순서	색, 형태	색, 위치	도형	도형, 유추	도형과 사물, 형태 (조합)			
형태	형태, 2중색	형태 (숫자)	형태 (길)	세부 형태	혀태 (숫자)나 위치				
물체, 선택 I	물체, 특징	물체, 선택III, 드래그	물체, 선택III	물체, 방향, 위치	물체, 조건	물체, 세부형태	물체, 선긋기	유사물체, 색	물체, 세부형태
위치, 선	위치, 물체	위치, 드래그	위치 혹은 색	이동 동선	위치, 동선, 그리기	무작위 이동, 높이	회전, 기호	움직임-위치	
방향	순서	청각	청각, 선긋기	동작					
조건, 어려운 물체	조건, 선택II, 색	조건, 선택I, 물체	조건. 선택II	조건, 선택II, 물체	조건, 선택II, 사물, 선긋기				
간섭 작용 I, 물체	간섭 작용 I, 물체, 위치	간섭 작용 I, 물체 조건	간섭 작용 I, 장면, 물체	간섭 작용 I, 장면, 물체, 색	간섭 작용 I, 유사 물체	간섭 작용 I, 장면, 선긋기	간섭 작용 I, 어려운 물체, 선택II	간섭 작용 I, 물체, 순서	간섭 작용 I, 물체, 드래그

〈기억력 대표 유형〉 　　　　　•두브레인연구소

두브레인은 처음부터 이 모든 영역이 자극되도록 설계되었다고 다 색깔이 칠해진 걸 보여주었다.

사물	사물, 순서	사물, 위치, 드래그, 시선분산, 색	사물-부분 전체 (추리)	사물, 위치	사물·물체, 선택 I	사물, 수량			
색	색, 변화순서	색, 형태	색, 위치	도형	도형, 유추	도형과 사물, 형태 (조합)			
형태	형태, 2중색	형태 (숫자)	형태 (길)	세부 형태	형태 (숫자)나 위치				
물체, 선택 I	물체, 특징	물체, 선택III, 드래그	물체, 선택III	물체, 방향, 위치	물체, 조건	물체, 세부형태	물체, 선긋기	유사물체, 색	물체, 색, 세부형태
위치, 선	위치, 물체	위치, 드래그	위치 혹은 색	이동 동선	위치, 동선, 그리기	무작위 이동, 높이	회전, 기호	움직임-위치	
방향	순서	청각	청각, 선긋기	동작					
조건, 어려운 물체	조건, 선택II, 색	조건, 선택I, 물체	조건, 선택II	조건, 선택II, 물체	조건, 선택II, 사물, 선긋기				
간섭 작용 I, 물체	간섭 작용 I, 물체, 위치	간섭 작용 I, 물체 조건	간섭 작용 I, 장면, 물체	간섭 작용 I, 장면, 물체, 색	간섭 작용 I, 유사 물체	간섭 작용 I, 장면, 선긋기	간섭 작용 I, 어려운 물체, 선택II	간섭 작용 I, 물체, 순서	간섭 작용 I, 물체, 드래그

〈기억력 대표 유형〉 * 두브레인연구소

이렇게 눈으로 8% → 33% → 100%가 보일 때 '골고루 자극된다'는 주장이 팩트가 되며, 신뢰할 수 있게 된다.

이 신뢰를 만들기 위해 학습지 문제 하나하나 밤새 뜯어보던 학습자님 덕분에 가능했던 정리다. 그 뒤에 임상으로도 검증되었는지 추가하여 정리했다.

이 내용을 학부모님들께 소개할 일이 많으니, 학부모 대상 소개서는 어떻게 정리해야 할지 또 고민했다.

학부모님은 + 왜 + 이것을?

계속 고민하다가 우선 나부터 이런 생각이 들었다. '두뇌 개발, 좋지. 애 가졌을 때 머리 좋아지라고 싫어하던 호두도 꾸역꾸역 먹었고. 근데 지금 일이랑 육아랑 같이 하려니 체력이 너무 달려서 그냥 휴대폰을 쥐어주는데….'

아이들에게 휴대폰을 주지 말라는 말을 많이 들었지만, 현실은 정말 쉽지 않다. 특히 식당 갈 때, 기차 탈 때 아이가 조금만 소리치고 떠들어도 눈치가 보이고 휴대폰을 주면 조용해지니, 울며 겨자 먹기로 주게 된다.

이렇게 죄책감에 젖어 있는 엄마들을 앞에 두고 두뇌 교육을 이야기하는 게 너무 현실을 모르는 해맑은 느낌마저 들었다. 그렇다면 오히려 이런 현실을 인정하고, 그 뒤에 두브레인을 담백하게 이야기하는 것도 좋겠다는 생각이 들었다.

그래서 기획서에서 다짜고짜 뇌 이야기부터 하지 않고, 식당에

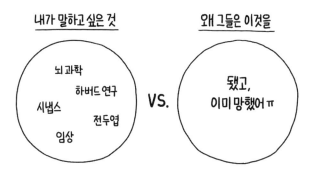

갔는데 아이가 너무 시끄럽게 해서 휴대폰을 쥐어주는 상황, 아이는 조용해졌지만 마음이 불편한 엄마 이야기부터 했다. '휴대폰 주면 안 되는데 vs. 휴대폰 줄 수밖에 없다'라면, 오히려 휴대폰으로 두뇌를 자극해주는 두브레인을 사용해보라고 '엄마 고민 → 제품'으로 연결했다.

상대방의 진짜 구시렁, 즉 '맨날 휴대폰이나 주는데 무슨 두뇌 개발…'에 연결해서 이야기하는 것, 현실과 '이상'의 간극을 좁힐 수 있는 힌트를 주는 것. 그것이 진짜 상대방이 원하는 기획의 시작이 아닐까.

5Why를 계속 묻다 보면 진정한 핵심이 무엇인지 발견하게 된다. 기획을 막고 있는 진짜 장애물도 보인다. 이런 것들은 '지식'적인 답이 알려줄 때도 있지만, 정답 없는 세상살이에서 '지혜'의 영역에 있기도 하다. 결국 기획은 남들은 모르는 핵심을 발견하고 정리하는 일이기 때문이다. 그래서 내가 발견한 것을 why so 부분에 넣어 잘

정리하는 것도 중요하다.

얼마 전에 몸이 허해 홍삼을 찾아보았다가 결국 결제해서 먹고 있는 자신을 발견했다. 아마 상세 페이지가 너무 쉽고 신뢰감 있게 정리되어 있었기 때문이었던 것 같다.

홍삼의 핵심은 뭘까? 비전문가는 대답하기 어렵다. 하지만 계속 홍삼만 연구한 이들은 대답할 수 있다. 대답할 수 있어야 한다. 물론 대답은 각자의 우선순위에 따라 다를 수 있다. 그렇다면 각자 발견한 것을 합리적인 증명 자료와 함께 정리하면 되는 거다.

내가 산 제품의 판매자분이 발견한 홍삼의 핵심은 '흡수율'이었다. 사약을 두 사발 마시고도 흡수가 안 되어 죽지 않았던 우암 송시열의 사례를 들며, "사약도 흡수 안 되면 효과가 없는데 보약을 먹어도 흡수가 안 된다면?"이라는 말로 흡수율의 중요성을 환기시켰다. 읽으며 '그렇네. 사약을 먹어도 흡수가 안 되어 안 죽는 경우도 있구나. 좋은 거 많이 먹어도 흡수 안 되면 말짱 꽝이겠네' 싶었다.

2대째 홍삼만을 연구했다는 판매자분은 "문제는 흡수율!"이라고 정리했다. 이걸 증명하기 위해 비교를 넣은 것도 탁월했다. '생채소 vs. 익힌 채소 vs. 갈아 익힌 채소'의 흡수율 차이를 보여주며, 본인이 개발한 갈아 익힌 '미세분말홍삼'을 제안하셨다.

- **why** 홍삼을 잘 챙겨 먹어도 무소용

  예시 사약이 흡수가 안 되어 죽지 않은 송시열 사례. 사약도 흡수가 안 되면 효과가 없는데, 보약은?

- **why so** 핵심은 흡수율

  증명 흡수율 차이

생채소	익힌 채소	갈아 익힌 채소
10	60	90

- **what** 갈아서 익힌 '미세분말홍삼'

  비교표 기존 방식 vs. 통째로 갈아 홍삼 익히기

이렇게 '핵심은 이거야'라고 정리해주는 게 전문가의 역할 아닐까? 소비자들은 모르는 입장에서 모든 것을 다 살펴볼 시간도 여력도 없으니. 기획자로서 연구하며 발견한 핵심을 why so에 넣어 잘 정리해보시라.

누구는 + 왜 + 이것을?

계속 묻고 증명 정리하기

5Why 일상 활용

몇 해 전 전경련에서 주최하는 CEO 조찬 세미나에 초대되어 갔다가, 당시 빅앤트 인터내셔널을 이끌고 있던 박서원 대표님의 강의를 듣고 많이 배웠다. 'ask why think simple'이란 제목의 강의였다. 이분도 실제 기획을 하면서 늘 why를 묻는다고. 세계 3대 광고제에서 수상한 아이디어 등 많은 이야기를 들었는데, 가장 기억에 남는 사례는 명함이었다.

명함은 다 비슷하게 생각 없이 만드는 건데, 대표님은 여기에 어떤 기획적인 요소가 있을까 생각했다. 명함 하나 만들 때도 why부터 물었던 것이다.

자문   우리가 명함 왜 만들지?

자답   자기를 알리려고.

자문   근데 대부분은 한 번 보고 버리잖아.

자답   그야 별것 없으니까.

자문   그럼 어떻게 한 번이라도 더 보게 할까?

이렇게 why를 질문한 후 만들어진 명함은 어땠을까? 빅앤트는 미팅에 갈 때 항상 기획자와 제작자가 함께 간다고 한다. 그래서 기

133

획자의 명함에는 개미의 머리와 가슴을, 제작자의 명함에는 개미의 배를 그려서 2개가 합쳐져야만 개미 한 마리가 완성되도록 만들었다.

물론 클라이언트와 명함 교환 시 꼭 2개를 합쳐서 건넸다고 한다. 당연히 클라이언트는 "우와, 이게 뭐예요. 개미네요?"라고 신기해하며 명함을 한 번이라도 더 보게 되었고, 명함은 어떻게든 한 번 더 보게 만들어 이름을 알리려는 본래의 목적을 달성하게 되었다.

절친한 친구의 부모님이 김밥집을 낼 때에도 5Why를 적용해보았다. 처음에 친구가 생각해서 나에게 보여준 김밥집 문구는 아래와 같았다.

깨끗한 손, 청결한 마음

셰프 엄마의
따뜻한 손맛

셰프
엄마 경력

· 퍼스트 쿡 윌셔그랜드호텔 LA, 미국
· 세컨 쿡 옥스포드호텔 LA, 미국
· 한식당 "별미네" 운영 LA, 미국
· 신촌 세브란스병원 암센터 조리원 조장

나는 친구 어머니의 손맛은 익히 알고 있었고, 너무 따뜻하신 성품도 이미 알고 있었다. 하지만 '셰프' 엄마라고 기획된 걸 보니 내가 아는 그 손맛과 그 따뜻함이 느껴지지 않았다. 나는 친구의 성격을 알기에 의도한 게 아닌 걸 알지만, 모르는 사람이 보면 경력을 자랑하는 것 같아 불편할 수 있겠고 편히 와서 식사하기에 어려운 느낌일 수 있겠단 생각이 들었다.

그래서 친구와 김밥집에 오는 진짜 why는 뭘까 같이 고민했다. 김밥집은 후다닥 먹어야 할 때 바쁘고 배는 고픈데 그래도 왠지 차가운 빵보다는 밥을 먹고픈 마음, 한 줄이라도 든든하게 먹고픈 마음에 오는 게 아닐까. 나 또한 김밥만으로 연명하던 이십 대 초반 시절이 있었기에 더 공감했다. 끝없이 밤을 새우고 또 새야 하던 그때, 밥을 챙겨 먹고픈데 돈은 없을 때 가곤 하던 김밥집. 그런 데서 보고픈 문구가 뭘까 생각했다. 먼저 기존 문구를 짚어보았다.

- 쉐프: 뭔가 불편하다. 후드티를 입고 밤샌 추레한 내가 갈 수 없을 것 같다.
- 미국: 역시 뭔가 불편. 영어 못하는 나와는 다르고 친근하지 않다.
- 암센터: 병원 밥? 간 없어서 맛없을 것 같고, 오히려 어머니의 맛있는 손맛 연상에 방해될 것 같다.

그래서 쉐프, 미국, 암센터 조리원 조장 경력 등 연결되지 않는 것은 다 뺐다. 이십 대 초반 돈 없고 할 건 많을 때 김밥집에 가던 나의 진짜 why, '한 줄 먹어도 좀 든든히', '후다닥 먹어도 좀 든든히'의 마음을 써보기로 했다.

배고프죠?
든든히 한 줄 먹고 가요

많이 바쁘죠?
후다닥 한 줄이라도 챙겨 먹어요

영미 아줌마의 따뜻한 손맛
영미김밥

추진력 강한 친구는 이 문장을 김밥집 정면 유리에 큰 글씨로 다 붙였다.

'영미김밥'에 다녀온 분들의 블로그를 보면 맛있다는 후기와 함께 김밥집 유리에 붙은 글씨 사진이 많이 올라온다. 그만큼 마음이 통한 게 아닐까.

이 모든 것의 전제는 '진짜 든든하고 맛있는 한 줄'이라는 것. 아무리 콘셉트가 좋아도 그게 뒷받침되지 않으면 뒷심이 없으니. 영미

김밥은 다행히 제품이 뒷받침되어 감사히도 잘되고 있다.

홈쇼핑에서 나도 모르게 결제를 하고 있는 순간 또한 why 설득에 당할 때가 많다.

- **왜 지금** 사야 하는지
- **왜 여기서** 사야 하는지
- **왜 이거** 사야 하는지

이렇게 말할 수 있는 건, 그분들도 그렇게 멋진 멘트를 날리기 전 끝없는 5Why를 해본 덕분 아닐까.

5Why의 위력은 기획을 넘어 인생에도 적용된다. 앞서 말했듯이 연상회로를 깨닫게 해준 그 남자가 떠나갔을 때 나는 그를 원망하고 또 원망했다. 그의 3년 유학 생활을 기다리며 희생했다고 생각한 나의 원망은 어리고 상처받은 내 입장에서는 합당했다. "당신이 어떻게 나한테 이래? 기다리라고 그렇게 계속 말해놓고 이렇게 변해버리면 나는 어쩌니?"

나는 누구를 만나든 그 이야기만 했다. 모든 일의 원인을 그에게 돌렸다. 꼬여버린 일상, 이상해진 피부, 동태 같은 눈빛 모두 그 사람 때문이라고 생각했다. 들어주는 상대는 점점 줄어들있고, 그때 친구들도 많이 떠나갔다. 그러다 문득 6개월 넘도록 울고만 있는 스스로 참 지겹다는 생각이 들었다. 그리고 5Why를 이용해 자문자답했다. 코미디 같겠지만 나에겐 절실했다.

자문 박신영, 너 왜 이렇게 사냐?

자답 그 사람이랑 헤어져서.

자문 헤어진 게 왜?

자답 그 사람이 나를 버렸잖아.

자문 버림받은 게 왜?

자답 어? 그러니까… 버림받고 이러고 있는 내가 한심해서.

자문 버림받은 네가 왜 한심해?

자답 아무것도 달라질 게 없는데 원망만 하고 있는 내가 너무 바보 같아서. 매일 억울한 나만 너무 바보 같아서.

자문   그러게. 근데 왜 그렇게 사니?

자답   ….

5Why로 찾은 문제의 본질은 그가 아니라 나였다. 실은 다 나의 선택이었다. 이런 결과가 싫다면 기다리지 말았어야 했다. 선택했다면 결과가 무엇이든 내 몫인 것을. 어쩌면 그는 잘못한 게 없다. 오히려 그를 원망하며 탓한 게 미안하고 머쓱하기도 했다. 나의 과오를 인정한 후 비련의 여주인공을 자처하는 지겨운 삶을 끝냈다. 어쩌면 6개월간의 바보 같은 하루하루가 쌓여 가능한 깨달음이기도 했다. 감정이 흐를 시간을 충분히 준 뒤, 그다음 자기 자신에게 물어보시라.

Why를 계속 물으면 본질로 가게 된다. 즉, 진짜 문제를 알아야 진짜 해야 할 일들이 보인다. 그러면 두려움, 아득함, 허망함 등 가짜 감정들과 주변적 요소들에 속을 새 없이 본질적인 실행 방안이 도출된다. 기획이든 인생이든 모두 그렇다. 시키는 대로 노예처럼 사는 인생 말고, 창조주의 유일무이한 작품으로 살기 위해 묻는다.

오늘 나는 왜 사는가?

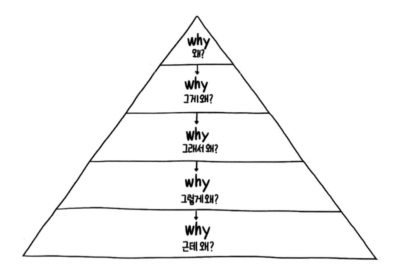

때로는 문제의 본질까지 가보기

Whom

근데 누가 사

06

· · ·

5Why를 할 때도 상대방이 이걸 왜 해야 할까 생각하고, 비교표를 그릴 때도 상대방이 신경 쓰는 축으로 표를 만든다. 한마디를 만들 때도 상대방 뇌리에 있는 걸로 이야기해야 한다. 도대체 그렇게나 중요한 '상대방'은 누구인가? 문서를 보는 상대방도 있지만, 동시에 기획 대상자 상대방도 있다. 그는 바로,

사는 사람

'사는 사람'이란 엄청난 말이다. 내가 기획한 걸 위해 '돈'을 내는 사람, '시간'을 내는 사람, 무려 몸을 움직여 피곤과 귀찮음을 뚫고 '이동'을 하는 사람이기 때문이다. 이와 관련해서는 투자자들에게 시장 규모를 정리해서 전달하는 'TAM-SAM-SOM' 개념을 알고 있으면 이해에 도움이 된다.

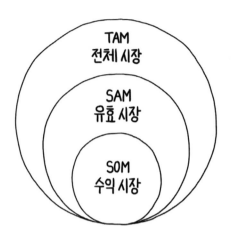

먼저 용어를 정리해보자. TAM은 Total Addressable Market의 약자고, SAM과 SOM은 각각 Service Addressable Market과 Serviceable Obtainable Market의 약자다.

- TAM: 카테고리를 모두 포괄하는 전체 시장
- SAM: 비즈니스 모델 적용이 가능한 유효 시장
- SOM: 초기 점유가 가능한 수익 시장

투자자들이 정리된 이 한 장을 보기 원하는 이유는, 사업을 하면 시작 성과가 최소 어느 정도이며 최대 어디까지 성장할 수 있는지 '시장 규모와 성장성'을 한눈에 파악할 수 있기 때문이다. "전체는 이렇고, 주력하면 이 정도, 못해도 이 정도는 먹겠구나" 하고 알 수 있도록 정리하는 거다.

스타트업에 관한 책 『루키들이 온다』에서 보맵 사례를 보면서 많이 배웠다. 보맵은 내가 가입한 보험을 모바일로 확인할 수 있는 서비스를 내놓았는데, 소비자의 외면으로 6개월 만에 자본금을 다 까먹었다고 한다. 그 이유는 소비자들이 사용하지 않아서다. 가입한 보험을 확인하려면 보험증서를 찍어 올려야 하는데, 뭘 가입했는지도 모르니 당연히 보험증서가 어디 있는지도 모를 터. 제품만 잘 만들고 기술만 좋으면 알아줄 것 같고 난리 날 것 같지만 이런 경우가 너무 많다.

제품과 기술 못지않게 집중해서 생각해야 하는 건 whom, 즉 '누구에게 집중할 것인가'다. 이걸 살 수밖에 없는 'pain 집단'은 누구인가? 보맵은 고민 후 우선 일반 소비자가 아닌 보험설계사에게 집중했다고 한다.

보험설계사 입장에서는 고객이 기존에 가입했던 상품이 무엇인지 몰라 다른 보장을 제안하기가 곤란한 pain이 있다. 그런데 보맵이 그걸 알려주니 painkiller를 얻는 셈이다. 고객 입장에서도 그냥 다짜고짜 보험 가입 권유를 받을 때보다 빈틈을 알게 되고 제안을 받을 때 설득된다.

이렇게 타깃을 전환하자 1년 만에 설계사도 가입하고(전국 보험설계사가 50만 명이다) 고객도 가입하게 되었다. 결국 보맵은 70만 가입을 이끌어내며 다시 일어설 수 있었다고 한다.

그냥 누군가 쓰겠지 vs. 고충을 가진 집단: 50만 보험설계사

'N잡하는 허대리'의 유튜브에 이런 말이 나온다. "먼저 배를 만들고 바다를 찾으려 하지 말고, 물길을 먼저 찾아보고 그곳에서 배를 만들라." 물길이란 고충을 가진 집단이다. 허공에 전단지를 뿌리기보다 이미 모여 있는 집단에 가서 연결시키는 것이 핵심이다.

Whom?
기획의 시발은 '문제'를 가진 '집단' 찾기
혹은 내가 기획한 걸 '어떤 집단'과 더 긴밀히 연결시키기

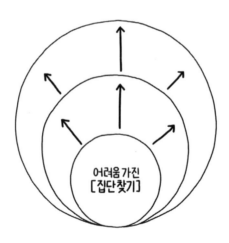

하버드 경영대학원 교수인 로버트 사이먼스Robert Simons는 이에 대해 "핵심 고객Primary customer을 선정"할 것을 당부한다. 대부분의 회사가 고객 지향적이라고 하지만 그 '고객'이라는 말이 너무 두루뭉술하다는 것. 그 때문에 상충되는 상황 속 잘못된 의사결정으로 회사가 무너지는 것이다. 사이먼스 교수는 3가지 차원, 즉 ① 회사의 가치관과 맞고, ② 역량이 있으며, ③ 수익 잠재력이 있는 핵심 고객을 선정하여 그들을 위해 관리 프로세스를 구축하라고 조언한다.

'뭔가를 기획해야지' 생각하고 '뭔가'에 집중하면 의외로 '아무도 안 사는' 기획을 하게 되는 경우가 있다. 그러므로 그 뭔가를 살 문제 집단, 결핍 집단부터 생각해야 한다.

성공적 브랜드 전략을 소개한 『노희영의 브랜딩 법칙』에 나오는 '마켓오 브라우니' 사례를 보자. 마켓오 브라우니는 2008년 출시되었을 때 당시로서는 매우 파격적인 고급 과자였다. 나 또한 즐겨 먹었다. 비하인드 스토리를 읽어보니 역시나 처음 개발할 때 많은 반대에 부딪쳤다고 한다.

초코파이 개당 단가가 260원이던 시절, 초코파이보다 더 작은데 가격이 3배 비싼 브라우니를 만들자고 하니 제정신이냐는 이야기까지 들었다고 한다. 하지면 결과는? 대성공. 마켓오 브랜드 출시 첫 달에 브라우니만으로 64억 원 매출을 올렸고, 마켓오 총 실적은 600억 원이었다고 한다.

그중 흥미로웠던 점이 그냥 평범하게 마트에서 이벤트를 하는 게 아닌, 이 상품과 연결될 집단을 찾는 것이었다. 타깃 연령층인 10~30대 여성 중 자기가 좋아하는 것에 소비할 줄 아는 집단을 찾았다. 선택된 것은 '빅뱅 콘서트 여성 관객'들이었다. 3일간 이어진 콘서트에 온 5만 명에게 무료로 브라우니를 나눠줬다.

자신이 좋아하는 가수의 공연을 보며 브라우니를 먹을 때 그 달콤함은 정말 최고였을 것이다. 그렇게 만들어진 상품에 대한 긍정적 각인이 입소문의 시작점이 되지 않았겠는가. 단순히 '10~30대 여성에게 나눠주자'를 넘어서 이렇게 살아 있는 타깃 집단을 찾는다니! 책은 이런 치열한 고민의 기록들로 가득했다. 정말 많이 배울 수 있었다.

전 국민 앱 '당근마켓' 또한 시작은 '판교 장터'로 판교에 있는 직장인 대상이었다가, 더 큰 고충과 수요를 가진 집단인 '직거래 좋아하는 육아맘'에 집중했다고 한다.

맘카페에서 정말 많은 정보를 얻지만 직거래에 대한 고충을 발견한 것. 직거래를 너무 원하지만 직거래 글은 횟수 제한, 등급 제한이 있기에 거래가 매우 한정적이었는데, 그 고충을 없애준 것이다. 이와 같이 초기에는 우리 콘텐츠, 제품과 가장 잘 맞을 것 같은 집단 찾기가 중요하다.

이렇게 집단을 생각하는 것만으로도 시작하는 브랜드들의 한마디 정리에 큰 도움이 된다. 커뮤니케이션 전문 미디어 〈The PR〉의 '삼분의일' 매트릭스 마케터 인터뷰에서 "사업 초기에는 정말로 분당에 사는 개발자분들이 주 타깃이었어요"라는 내용을 읽었다. 이 역시 대략적 타깃이 아닌 문제를 가진 실제 집단을 찾는 일의 중요성을 알려준다.

'삼분의일'은 해도 해도 코딩이 안 끝나는, 늘 너무 피곤한, 그래서 잠이 중요한 개발자들을 찾아, 그들을 대상으로 마케팅을 했다고 한다. 그렇다면 그냥 '매트리스'가 아니라 '잠이 너무 중요한 개발자를 위한 매트리스'가 되는 거다.

매트리스 vs. 잠이 중요한 개발자를 위한 매트리스
　　what　　　　　　whom　　　　　　what

'삼분의일'은 확실히 입소문이 나면서 현재는 다양한 고객을 확보하고 있다. 이처럼 시장 초기에 '핵심 타깃 + 제품' 한마디로 정리하는 것만으로도 날카로운 무기가 된다. 먼저 나의 집단을 찾아 내 제품을 붙여보시라. 그저 간편 공구가 아닌 '맞벌이 부부에게 필요한 간편 공구', 그저 백팩이 아닌 '해외 출장이 잦은 이들을 위한 백팩', 그저 베개가 아닌 '매일 8시간 노트북을 사용하는 이들을 위한 베개', 그냥 꽃 수업이 아닌 '태교가 필요한 엄마를 위한 꽃 수업' 등.

타깃을 너무 좁게 잡았다가 더 큰 시장을 놓치면 어쩌냐고? 처음부터 더 큰 시장을 먹으려는 허황된 꿈을 꾸면 아무것도 못 먹을 수 있는 것도 현실이다. 그리고 정말 치밀하게 핵심 고객의 니즈를 해결하다 보면, 진짜 내공이 생겨 확장은 꽤 용이해진다. 그 내공으로 더 큰 시장성을 가진 집단으로 핵심 고객을 바꾸기도 한다. 우선 내 것을 팔기 전에 내 것을 살 그들이 누구인지부터 파는 것이 필수다.

그런데 이걸 제일 잘하는 게 누굴까? 유감스럽게도 사기꾼이다. 고충을 가진 사람들을 위로하는 척 파고들어 사기를 친다. 얼마 전 보이스피싱 관련 영화 〈보이스〉를 보면서 얼마나 교묘하고 전략적인지 영화를 보는 내내 열 받았다. 이 영화를 전 국민 보이스피싱 교육 자료로 배포하면 좋겠다는 생각까지 들었는데, 요즘 보이스피싱은 내가 생각하던 것과는 달랐다. 그냥 전화를 돌리면 소용없으니 고충을 가진 집단부터 찾더라. 기획실에서 찾는 게 가장 공통되는 고충을 가진 사람들이었다.

영화에서 특정 회사 면접 후 합격 전화만 기다리는 구직자 400명에게 합격했다고 속이고, 그들의 어려움을 도와준다고 교묘하게 속여서 등쳐먹는 걸 보고 있자니 정말 너무 속상했다. 사기 치려고도 이렇게 열심인데, 당신이 가진 좋은 제품, 서비스, 아이디어가 의미 있게 전달되도록 고민해보자. 우리가 가장 잘 도와줄 pain 집단은 누굴까? 연결되면 서로 윈윈인 사람들은 누굴까?

기획의 시발은 '문제'를 가진 '집단' 찾기: 연결하면 좋을 우선순위 집단 파악

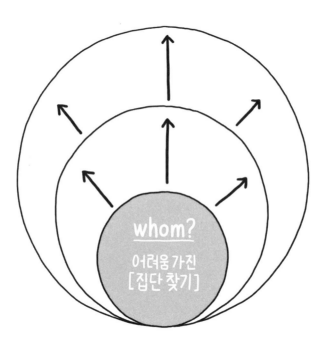

연결하면 좋을 우선순위 집단은?

Flow 07

왜 내 말을 못 알아들을까

. . .

앞서 배운 대로 열심히 기획하고 생각해서 말했는데 왜 상대방은 내 말을 안 들을까? 듣기 원하는 flow가 서로 다르기 때문이다. 심플하게 생각해보자. 회사에서 이렇게 말한다면 어떨까?

"상무님, 제가 이 건에 대해 생각을 해봤는데요, 이게 어쩌고저쩌고…. 그래서 그게… 이리저리했는데… 그럼에도 불구하고 그리하였는데…."

나의 이런 구구절절한 이야기를 처음부터 끝까지 인내심을 가지고 들어줄 사람은 엄마밖에 없다. 엄마도 세 살 때까지만 들어주실 뿐이다. 바쁘고 피곤하고 의사결정에 지친 상사는 이렇게 물을 거다.

"됐고, 왜 해야 하는데?"

"결국 뭐 한다는 건데?"

"그래서 어쩐다는 건데?"

더욱 안타까운 사실은 이런 패턴이 반복된다는 것이다.

당신은 밤새 준비한다

↓

상사가 말을 끊고 질문한다

↓

(헉, 말을 끊다니. 나쁜 사람) 당신은 우물쭈물 대답 못 한다

↓

다시, 또다시, 또 또다시 이런 일이 반복된다

대신 이렇게 하면 어떨까?

당신은 **'질문을 예상'**한다

↓

상사가 질문한다

↓

당신은 담백하게 대답한다

↓

상사는 마음이 한결 가볍다

물론 세상만사가 100% 한 방에 해결되는 건 없지만 전자보다 후자가 서로 일하기 편하다. 생각해보자. 나 자신에만 파묻혀 일했는지, 상대방을 인식하고 일했는지? 내가 하고 싶은 말에 파묻혀버렸

는지, 상대방 질문의 답에 집중하고 있는지? 답에 따라 전혀 다른 결과가 나타난다. 왜 내 말을 끊고 질문하냐고 짜증 내기도 지쳤다면, 이제 상대방이 말을 끊고 던지는 질문 순서대로 내 것을 정리해서 보여주는 거다.

그렇다면 상대방이 듣고픈 순서는 뭘까? 남의 속까지 갈 것 없다. 아주 피곤하고 짜증 나는 나의 본능이 원하는 게 뭔지 생각해보시라. 형식적인 인사 빼고, 구구절절 수식어 빼고, 예의상 체면치레 빼고 아주 친한 친구와 하는 전화 통화를 생각해보자. 따르릉. 전화오면 뭐라고 받나?

- 왜?
- 뭐?
- 어쩌라고?
- 꼭 해야 하나?

이것이야말로 완벽한 기획의 4단계 아닌가. 당신 본능에 이미 완벽한 기획의 핵심 흐름이 있다. 그래서 실제 기획서도 이런 순서로 많이 쓰인다.

- 왜 → 기획 배경
- 뭐 → 제안 내용

- 어쩌라고 → 실행 계획
- 꼭 해야 하나 → 예상 성과

'기획 배경' 혹은 'situation analysis'를 써야 한다는 압박 아래 길고 빡빡하게 쓰는 것에 익숙해지다가 오히려 놓쳐버린 본질을 생각해보자. 친구 전화를 받아서 "왜?"라고 물었는데 대답이 시원찮으면? 단박에 "야, 끊어" 할 것이다.

이것을 우리 기획서에 적용해보자. "왜?"라는 질문에 "이러니까"란 깔끔한 답이 나오는가? "뭐?"라는 질문에도 한마디로 정리해서 대답하고 있는가? "어쩌라고?" 질문에 듣는 사람 머릿속에 어떻게 해야 할지 그림이 그려지게 말하고 있는가? 전체 그림이 보이게 몇 단계로 진행할지, 일정, 예산, 담당은 누구인지 항목별로 구분해서 정리해주고 있는가?

여기까지 잘했어도 의심 많은 인간의 본능은 가성비를 따지며 묻는다. "꼭 해야 하나? 안 하면 안 되나?" 이때 안 했을 때 대비 했을 때 어떤지, 하면 확실히 뭐가 달라지는지 대답을 해주고 있는가?

왜/뭐/어쩌라고/꼭 해야 하나

목차를 쓸 때도 이걸 변형해서 쓰면 된다. 순서와 가중치 질문은 달라질 수 있으나, 핵심은 내가 하고픈 말에만 빠지지 않도록 상대방의 질문을 먼저 써보라는 것이다. 절대 질문을 위한 질문을 만들지 말고, 이 문서를 보는 상대방이 할 법한 질문을 떠올려본다. '왜/뭐/어쩌라고/꼭 해야 하나' 중심으로 쓰인 목차 예시를 보자.

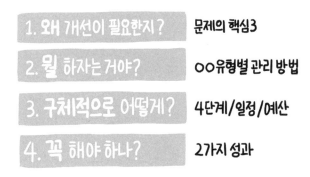

1. 왜 개선이 필요한지? 　문제의 핵심3

2. 뭘 하자는 거야? 　OO유형별 관리 방법

3. 구체적으로 어떻게? 　4단계/일정/예산

4. 꼭 해야 하나? 　2가지 성과

실제로 폴앤마크 재직 시절, 인간의 뇌가 어떻게 학습하는지 알려주는 사고 진단 프로그램을 배우기 위해 대표님, 동료들과 함께 전 세계적 교육학의 거장이자 뇌과학 전문가인 버니스 매카시 Bernice MacCarthy의 교육을 받았다. 그분이 가르쳐주신 4MAT system도 같은 흐름이었다. 물론 4MAT은 교수법과 사고 진단에 대한 것이지만, 기획서 또한 누군가 쓴 걸 '학습'해야 하는 것이기에 같은 맥락에서 적용할 수 있다.

기획서의 가장 본능적이고 기본적 구조는 이러하니, 본인의 기획, 기획서를 여기에 대입해서 보강해야 할 부분은 없는지 점검해

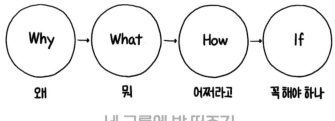

네 그릇에 밥 떠주기

보시라. 내가 전혀 신경 쓰지 않았던 부분은 어딘지, 필요 이상 너무 길게 이야기하는 부분은 어딘지. 나도 이걸 훈련하기 전까지는 특정 부분은 매우 길게 열심히 쓰고, 어떤 부분은 전혀 신경조차 쓰지 않았다. 하지만 지금은 각 질문에 짧고 명확하게 대답이 나오는지 체크한다.

내 스타일이 어떻든 여기서 기억해야 할 포인트는 내가 하고 싶은 말에 빠지지 말고, 상대방 질문에 맞춰 정리하라는 것이다. 내가 지은 밥을 막 던지지 말고, 그의 그릇에 맞게 담아주라는 것. 『호밀밭의 파수꾼』을 쓴 제롬 데이비드 샐린저 Jerome David Salinger는 "당신이 글을 쓸 때마다 작가이기 오래전에 독자였다는 사실을 기억하라"라는 의미심장한 말을 했다. 당신도 상대방의 길고 긴 맥락 없는 이야기가 듣기 싫다면, 상대방 질문에 맞춰 정리하시라.

기본 구조는 이러하지만, 열어둬야 할 가능성 하나 더 체크. 내가 중시하는 것과 네가 중시하는 것이 다를 수 있음을 인정하는 게 중요하다. 나는 문제(why) 분석에 심혈을 기울여 기획서를 작성하였으나 상대방은 이렇게 말할 수 있다.

"됐고, **어떻게(how)** 하면 되는지만 말해봐."

그러면 "우선 제 이야기 좀 더 들어보시죠" 하기보다는 네가 궁금해하는 how에 대해 "이렇게 진행하려 합니다"라고 먼저 말하는 것, 즉 상대방이 듣고픈 것에 가중치를 두고 순서를 조정하는 센스가 필수적이다. 왜? 내가 보려고 기획서를 쓰는 게 아니라 네가 보라고 쓰는 거니까.

"저 **이걸(what)** 하려 합니다."

이렇게 아무리 what을 명확히 이야기해도 "그걸 왜요?"라는 질문을 받을 때가 있다. 그러면 '왜 저런 걸 묻지? 그걸 하나하나 다 설명해야 하니?' 하기보다 '이 사람은 why를 중시하는 사람이구나'라고 이해하고 why를 정리해가는 것이 맞다. 왜? Why를 중시하는 사람에게는 why 부분이 없으면 그 뒷이야기는 아무 의미 없는 말일 테니까.

"됐고, 결국 **뭐(what)** 한다는 건지 말해봐."

161

나 또한 이걸 배우고 이렇게 말하는 상대방에 대해 '아, 왜 말을 끊고 난리야'라고 생각하기보다 '이 사람은 What First 타입이구나' 생각한다. 그리고 "결론부터 말씀드리면 이걸(what) 한다는 겁니다. 왜냐하면 이런 문제(why)가 있어서요" 식으로 순서를 조정해서 이야기하려 노력한다.

"만약에(if) 이렇게 한다면 이렇게 될 기야."

이런 막연한 아이디어가 있을 때는 왜(why) 그게 필요한지, 그게 한마디로 뭔지(what), 그래서 어떻게(how) 진행하면 되는지 보완해서 정리해야 한다. 그저 뜬구름 잡는 아이디어 하나가 아닌 기획의 결과물로서 전달될 수 있도록.

폴앤마크를 다니던 시절, 남편과 함께 4MAT 영역 중에서 각자 무엇이 더 발달했는지 진단을 했는데, 그는 what과 how가 나는 if 와 why가 상대적으로 더 발달한 걸 볼 수 있었다. 그래서 나는 그에게 이야기를 시작할 때는 '내가 이걸 왜 하려 하느냐면(why)…', '만약에 이걸 하면(if)…'과 같은 내용을 중심으로 주로 많이 말했다.

예를 들면 이렇다.

"오빠, 내가 오늘 강의를 갔는데 사람들이 그래서 내가…. 하지만 상황이… 근데 생각해봐. 만약에 그래서….”

길고 긴 이야기의 항해 중에 그가 늘 물었다.

“그래서 뭘(what) 어쩌자는(how) 거고?”

아니, 지금까지 다 말했잖아. 힘이 쪽 빠지는 순간이 아닐 수 없었다. 하지만 4MAT 진단을 하고 나서 그를 이해한 지금은 이렇게 말한다.

“오빠, 내 어깨부터 척추 따라서(what) 엄지를 이렇게 해서 5분간 주물러줘(how).”

‘뭘 어떻게 하라는 건지’부터 명확히 말하는 것이다. 그리고 시간이 허락한다면 왜 이런 이야기를 하는지 덧붙이는 거다.

4MAT은 나의 전 직장인 폴앤마크와 한국 사용 독점 계약을 맺고 있다. 4MAT에 대해 더 알고 싶거나 진단이 궁금하다면, 폴앤마크 4MAT 교육 혹은 버니스 매카시가 한국에 와서 했던 직강 〈세바시〉 ‘일터의 변화를 이끄는 창조 사고 프로세스’를 들어보는 것을 추천한다.

상대방 질문에 맞춰 정리하기

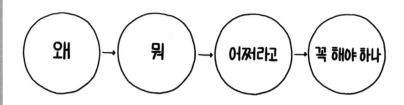

왜 → **뭐** → **어쩌라고** → **꼭 해야 하나**

네 그릇에 맞게 밥 떠주기

순서가 아무리 상대방 중심이라 하더라도 내용이 자기중심이면 소용없다. 이런 경우가 많으니 이것도 잠시 함께 살펴보자. 사회연대은행에서 진행하는 사회적 기업 기획서 작성 수업을 갔을 때 융복합 예술 기획사 '인클래식' 대표님과 동료분을 만났다.

인클래식 대표님은 평생 음악을 배워왔고 음악적 재능이 많지만 음악을 지속적으로 할 수 없는 사람이 많은 걸 발견하게 되었다. 그렇게 생계가 어려워 그만두는 음악인, 결혼과 육아로 경력 단절된 음악인이 너무 많아, 이 문제를 해결하기 위해 클래식 예술 기획 회사를 창업한 거다.

내가 그분이 잘하는 악기를 다룰 수 없듯 그녀 또한 기획서를 써본 일이 없지만, 누구보다 강의에 열심히 참여하셨고 결국 제안서 초안을 작성하셨다. 배운 대로 아래와 같은 흐름으로 쓰셨다.

〈2020년 인클래식의 문화공연 제안서〉

상황	음악인의 현실 경력 단절 음악인의 어려움
제안	경력 단절인과 함께하는 문화공연 제안
진행	3단계
성과	경력 단절 ○명에게 도움

PPT 20장 정도 쓰인 제안서였다. 너무 열심히 쓰셨지만 상대방은 읽지 않을 것이 우려되었다. 왜냐하면 공연 담당자는 '공연 잘해줄 수 있어요?'에 대한 대답을 기획서에서 보고 싶을 텐데, '음악인의 현실, 경력 단절 음악인'에 대한 이야기가 너무 길게 나열되어 있기 때문이다. Why를 썼지만, 너의 why가 아닌 나의 why만 쓴 것.

물론 왜 창업을 하게 되었는지를 소개하는 자리에서 발표하거나 사회적 기업 활동에 관심 많은 곳, 혹은 경력 단절인을 돕는 목표를 가진 곳에 제안한다면 지금 내용도 좋다. 하지만 이번 경우 담당자 고민을 생각해보면 '매년 공연을 하긴 해야 하는데 클래식은 예산이 너무 많이 드네', '어렵게 공연 올렸는데 지루해하면 어쩌지?' 등이 있을 수 있다.

그래서 첫째로 예산, 둘째로 반응 관련 인클래식의 강점을 정리했다. 인클래식의 경우 경력 단절 개인을 섭외하기에 공연 비용이 기존 대비 1/N로 줄어들 수 있고, 춤, 노래, 스토리텔링과 결합시킨 공연으로 관객이 가만히 앉아 '감상'만 하기보다 '참여'할 수 있게 만든 것을 정리했다.

이런 내용이 나만의 주장이 되지 않도록 뒷받침할 실제 사례가 있냐고 물었더니, 대표적인 2가지를 말씀해주셨다.

실제로 ○○구청 공연에서 클래식 연주에 고흐 Vincent van Gogh 등의 명화와 스토리텔링을 더하여 "클래식 공연도 진짜 재밌네?"란 반응과 입소문을 얻으며 공연을 전석 매진시켰고, 영어 뮤지컬 공연에서도 클래식 연주에 아이들의 춤과 노래 참여를 더해서 아이들과 부모님들의 폭발적 반응을 끌어내 역시 전석 매진시켰다고.

그렇다면 이 내용을 바탕으로 이렇게 바꿀 수 있다.

〈20○○년 새로운 공연을 고민 중이신 담당자님께〉

고민	문화공연 기획하실 때 고민 2 1. [예산] 공연 1회 최소 얼마: 클래식은 너무 비싸 2. [반응] 감상 위주의 공연: 좀 지루한가? 작년 반응이 별로네
제안	[1/N 예산]으로 [참여]까지 이끌어내는 인클래식* 제안 * 인클래식은 (클래식)에 + (예술, 문화, 교육) 등을 콜라보한 　참여 예술을 기획하는 문화 기획사입니다. 〈비교 강점 3가지〉 （표 아래 참조）
사례	**1. ○○공연:** (클래식 연주) + (고흐 명화 + 스토리텔링) = N회 전석 매진 "클래식 공연도 재미있네?"라는 현장 반응 **2. 영어 뮤지컬:** (클래식) + (영어 뮤지컬 + 춤, 노래 참여) = N회 전석 매진 "아이가 너무 좋아하는데 교육 효과도 짱이네요"라는 현장 반응
진행	진행: 3단계 예산: 얼마(세부 내역 별첨)

항목	기존	IN CLASSIC
1. 예산	큰 규모 오케스트라 1회 공연 **최소 얼마**	규모 맞춤 1회 얼마: 기존 대비 1/N
2. 반응	정통 클래식 only **'감상' 예술**	클래식 + 예술, 문화, 교육 콜라보 '참여' 예술로 반응 폭발!
3. 일자리	○○오케스트라의 경우 **단원 1명이 N년 이상**	외부 요인으로 음악 떠난 경력 단절자들 N명에게 기회

관점이 '나 vs. 너'일 때 얼마나 흐름이 달라지는지 확인해보자.

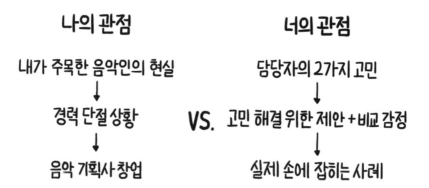

내가 기획한 것은 전자(경력 단절 음악인의 어려움, 그래서 우리의 기획)이지만, 이것을 전달할 때는 후자(담당자의 어려움, 그래서 우리의 제안)으로 정리해야 한다. 이 때문에 같은 기획이라도 듣는 사람이 누구인지에 따라 기획서 내용이 많이 달라진다. 각자의 듣고자 하는 우선순위가 다르므로.

기획서를 쓰기 전 읽는 사람이 누구인지 생각하고 '왜', '뭐', '어쩌라고', '꼭 해야 하나'에 대해 생각해보자.

네 고민으로 시작한 한 장 정리

기획 배경 A   B   C

제안 내용
×
_____를 위한 _____

진행 방법

	1단계	2단계
일정		
예산		
담당		

예상 성과 D & E

Dividing

쪼개야 빈틈이 보인다

08

. . .

내 기획과 기획서가 엣지 없게 느껴진다면 날카롭게 쪼개는 연습을 하면 좋다. 힘이 없는 기획서는 대부분 두루뭉술하게 쓰여 있다. 그걸 쪼개주면 좋다. 쉬운 예시를 보자.

세탁세제 '피지' 광고에서 "빨래를 할 때마다 옷감이 너무 상해서 걱정되시죠?"란 이야기를 한다. 그러면 보통은 "그렇긴 하지" 하고 끝낸다. 하지만 기획자는 여기서 한 단계 더 나아가서 언제 옷감이 상하는지 쪼갠다.

"옷감이 상하는 순간은 크게 3가지 경우로 나눌 수 있어요."

- 부딪힐 때
- 꼬일 때
- 열 받을 때

이렇게 쪼개줘야 문제 각각에 대한 날카로운 해결책이 나온다.

173

혹은 해결되고 있는 것과 해결해야 할 빈틈이 보인다.

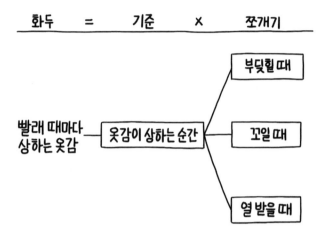

이를 경영학에서는 '로직트리logic tree'라고 부른다. 생긴 모습이 마치 왼쪽은 나무의 밑동 같고, 오른쪽은 쪼갤수록 뻗어나가는 가지와 비슷하기에 붙여진 이름이다.

로직트리는 문제점 발견뿐 아니라 원인 규명, 해결책 제시에도 사용된다. 두루뭉술한 최초의 화두를 "그게 무슨 말이지?"를 반복해서 묻고 쪼개다 보면, 숨겨져 있던 문제가 보이기도 하고 해결책이 더 명확해지기도 한다. 실제로 목적에 따라 'why logic tree', 'what logic tree', 'how logic tree'라고 다양하게 불린다.

로직트리를 많이 그리며 깨달은 사실은, 뭘로 쪼개야 할지 막막

할 때는 우선 육하원칙으로 시작하면 된다는 것. 어떤 과제가 생겼을 때는 그걸 육하원칙으로 다 쪼개어보거나, 육하원칙 항목 하나씩 집요하게 파면서 쪼개는 것도 좋다. 예를 들어, 아이스크림 업계에서 늘 1등인 브랜드에 보낼 제안서를 써야 한다고 하자. 사실 늘 1등만 하는 브랜드 관련 제안을 하는 게 가장 어려운 것 같다. 이렇다 할 문제가 없으니(없어 보이니), 대개 A를 던져도 "이게 최선일까요?", B를 던져도 "과연 이것이 최선일까요?"라고 반응한다. 문제가 두루뭉술하면 해결책이 결코 날카로워 보이지 않기 때문이다. 문제가 날카롭게 정의되어야 해결책이 빛난다. 그렇다면 1등을 어떻게 쪼갤 수 있을까?

1등은 1등인데 '어디에서' 1등인지 쪼개본다면 어떨까? 즉, 아이스크림 업계(제품) 1등, 간식업계(산업군) 1등, 소비자 생활 속 1등으로 쪼갤 수 있겠다.

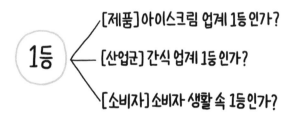

항상 1등이던 그 브랜드는 무엇 하나 부족한 게 없어 보였지만 정작 쪼개서 분석한 결과, 모든 면에서 1등은 아니었다. TOM^{Top of}

Mind(최초 상기도)를 살펴보니 제품 쪽에서는 점유율 90%에 육박했지만, 산업군에서는 10% 안팎이었다. 무슨 말인고 하니, "아이스크림 먹으러 가자!"라고 하면 떠오르는 브랜드지만 "우리 시간 때우러 어디 가지?"라고 하면 스타벅스 등 끝도 없이 나오는 경쟁 업체들 때문에 소비자의 머릿속에서 밀릴 수밖에 없는 형국이란 뜻이다.

이렇게 계속 간다면 소비자 생활 속에서도 존재감이 없어져버릴 상황이었다. 따라서 한 해 목표를 'market share 1등을 넘어 소비자들의 삶 속의 life share 1등'으로 설정하고, 그 방안을 기획했다.

막연하게 1등이라고 할 때는 문제가 없어 보였는데, 아이스크림 업계 1등, 간식 업계 1등, 소비자 생활 속 1등으로 나누어 최선의 상태를 정하고, 그 쪼갠 요소에 따라 현재의 상태를 점검하니 빈틈을 발견할 수 있었다.

이런 과정을 통해 '그렇다면 어떻게 소비자 생활 속에서 이 브랜드가 1등이 되게 할 것인가?'를 인식함으로써 본격적으로 문제를 해결하는 시발점을 찾았다.

1등을 '언제', 즉 타이밍으로 쪼개면 어떨까? 늘 1등만 하는 A 브랜드 경쟁 PT를 하면서 현재 1등과 향후 1등으로 나누어 설명해보았다. 현재는 1등으로 잘하고 있지만, 향후에도 1등을 하려면 준비가 필요하다고 설명하며 빈틈을 채우기 위한 전략을 제시했다.

마케팅과 관련해서 "어떻게 할지 생각해 와!"란 말을 듣자마자 머리가 멍해진다면, 그럴 때는 쪼개보자.

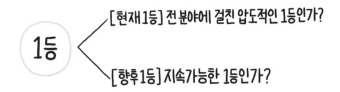

[현재 1등] 전 분야에 걸친 압도적인 1등인가?

1등

[향후 1등] 지속가능한 1등인가?

늘 1등이던 한 껌 브랜드 마케팅 제안 사례도 기억난다. 어떤 기준으로 쪼갤지 궁리하며 끄적끄적하다가 육하원칙 중 '소구되고 있는 접점(언제 × 어디서)'으로 쪼개보았다. 그 브랜드는 소비자가 자사의 껌을 '처음 접촉'할 때를 공략할 수도 있고, 슈퍼나 마트에서의 '구매 시점'을 공략할 수도 있고, '구매 후'를 관리할 수도 있고, '반복 구매'를 유도할 수도 있을 것이다.

이는 당시 읽고 있던『체험 마케팅』의 저자 번트 H. 슈미트^{Bernd}

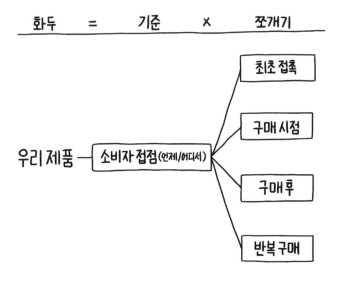

화두 = 기준 × 쪼개기

우리 제품 ── 소비자 접점(언제/어디서) ┬ 최초 접촉
├ 구매 시점
├ 구매 후
└ 반복 구매

Schmitt의 분류 방법을 좀 변형해서 적용한 것이다.

이걸 생각한 후 경쟁사의 기존 활동과 비교해보고, 당시 '반복 구매'가 비어 있음을 찾아내 반복 구매를 유도할 방법을 제안했다.

〈껌 브랜드별 소비자 점검〉

	최초 접촉	구매 시점	구매 후	반복 구매
자사			O	
A사	O		O	
B사	O	O		

1등이라는 두루뭉술한 화두 하나만으로도 이렇게 다양하게 쪼개고 빈틈을 찾을 수 있다. 앞의 예시를 보며 느꼈겠지만, 로직트리를 그릴 때 항상 같이 나오는 개념은 MECE다. 이는 Mutually Exclusive Collectively Exhaustive의 약자로 서로 배타적이지만 합하면 전체가 될 수 있도록 쪼개야 한다는 뜻이다. 더 쉽게 '중복과 누락 없이' 쪼개라는 것. 하지만 현실적으로는 그게 쉽지 않다.

염색체상 남자, 여자처럼 혹은 동서남북처럼 기준을 두고 나뉘고 합치면 100%가 되는 경우도 있지만, 그렇게 되지 않는 경우는 합리적인 선에서 중복되는 암묵적 MECE를 허용한다. 즉, 업무의 상식선에서 나누면 되는 것이다.

　오마에 겐이치大前研一의 『맥킨지 문제 해결의 기술』에는 영업사원의 실적 감소 문제를 해결하는 내용이 나온다. "영업사원의 실적이 감소했어! 어떻게 할지 생각해 와!"라고 한다면, '영업사원의 실적이 감소했다는 것은 무슨 의미인가?'를 업무의 상식선에서 쪼개어보는 것이다. 그다음 빈틈 혹은 공략할 부분을 찾는다.

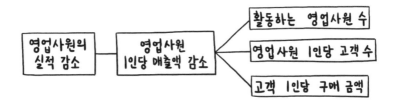

　"고객을 늘리자!"라는 말을 들으면 막막하기만 하다. '어쩌라고' 하는 생각이 든다. 이때 '고객'이란 말을 쪼개보는 거다. 어떤 고객이 있을까? '인지'와 '구매' 기준으로 보자. 우리를 모르는 고객, 우리를 알지만 구매하지 않는 고객, 우리를 알고 구매하는 고객, 우리를 알고 재구매하는 고객(단골), 늘 우리만 찾아주는 고객(팬). 그중 어떤 고객에게 집중하는 것이 효율적인지 판단해본 뒤, 올해 집중할 고객에 대한 기획을 하는 거다.

　앞서 살펴본 아기 물티슈 경우 또한 '성분이 안전한지 소비자들이 걱정한다'라는 화두가 있을 때 "저희는 안전합니다!"라고 말하는 건 아무 의미가 없으니, '성분이 안전하다는 게 뭔가?'를 쪼개어보는 거다. 그리고 빈틈을 채워줘야 한다.

'성분이 안전한가'는 다음과 같이 나뉠 수 있다.

1. 전체: 성분 '전체'가 안전한가?
2. 공정: 성분을 담는 '공정'이 안전한가?

'동대문엽기떡볶이'로 유명한 ㈜핫시즈너와 함께 기획서를 만들 때 "우리 강점이 뭘까요?"라고 여쭸더니, "진짜 맛있어요"라고 대답하셨다.

진짜 맛있어요!

이렇게 말하고 끝내면 참 좋은데, 기획서에서 이것을 증명해내려면 '맛있다'를 쪼개어 숫자로 제시해야 했다.

우선 '맛있다'는 건 3가지로 쪼갰다.

그다음 이 3가지 각각에 대한 증명 숫자(재구매율이 몇 %인지, 광고 없이 가맹점이 몇 개나 늘어났는지, 몇 년 연속 1위인지)를 찾아 정리했다.

로직트리 활용과 관련해서 신경 써주길 바라는 주의점 2가지가 있다.

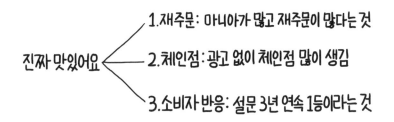

진짜 맛있어요 ← 1.재주문: 마니아가 많고 재주문이 많다는 것
2.체인점: 광고 없이 체인점 많이 생김
3.소비자 반응: 설문 3년 연속 1등이라는 것

첫째, 빈틈만 발견하려다 보면 강점의 최대화보다 약점의 보완에만 매달릴 수 있다. 빈틈이 있더라도 그것이 브랜드의 지향점이나 우선순위에 관련된 것이 아닐 시에는 과감히 허용해야 할 때도 있다는 것.

둘째, 컨트롤할 수 없는 불가항력적인 빈틈이 나올 때도 있다. 이때는 어찌할 수 없는 일에 매달리지 말고 그다음 빈틈 해결에 집중할 것.

앞서 말했듯 쪼개는 기준을 모르겠다 싶으면 육하원칙으로 시작하거나, 그중 하나만 파보자. 혹은 내가 번트 H. 슈미트의 '구매 접점'을 참고한 것처럼 기존 경영 프레임을 참고해서 쪼개도 좋다. 사실 실무에서는 교과서 프레임을 지양할 때가 많은 게 현실이지만, 맹신하지만 않는다면 부분 차용하는 것은 꽤 도움이 된다.

로직트리를 잘 쓰면 평소 말할 때도 참 논리적이란 인상을 준다. 주변에서 '논리적이다', '명쾌하다'란 느낌을 주는 말 잘하는 친구를 한번 떠올려보라.

나도 한 사람이 떠오른다. 대화하면 늘 즐거웠던 10년 지기 친구. 예전에 아는 선배가 지나가다가 나에게 연락처를 물어서 급 기분 좋아진 나는 친구에게 선배와 연락처를 주고받았다며 호들갑을 떨었다. 그러자 친구는 "그 형 여자친구 있을 텐데?"라고 말했다. 그럴 리 없다며 내가 속상해하자, 그는 참 논리적으로 날 기분 좋게 해줬다.

"신영아, 이 상황은 크게 3가지로 정리할 수 있어. 그 형이 여자친구가 있고 사이가 좋은 경우, 여자친구가 있고 사이가 별로인 경우, 마지막으로 여자친구가 없는 경우. 그 형이 여친이 있고 사이도 좋다면, 그럼에도 불구하고 연락처를 물어볼 만큼 네가 매력적이었다는 거고, 그 형이 여친이 있지만 사이가 별로인데 그랬다면 마침 네가 매력적이었다는 거지. 그리고 그 형이 여친이 없는 경우도 또 마침 네가 매력적이었다는 거니까, 그러니 신영아, 속상해하지 마."

…그리고 아무 일이 없었다고 한다.

아기 엄마가 된 후에 이 일에 대해 쓰고 있자니 너무 심각했던 내가 웃기고, 이 사소한 일을 이렇게까지 비장하게 로직트리까지 그리며 말해준 친구가 새삼 너무 고맙다.

정리해보자. 두루뭉술한 '화두'는 어떤 '기준'을 가지고 쪼개라! 두루뭉술하고 허술한 말과 글이 날카로워지고 촘촘해진다. 최대한 여러가지 기준으로 쪼갤수록 다양한 빈틈, 날카로운 아이디어가 나올 수 있다.

멍할 때 쪼개보기

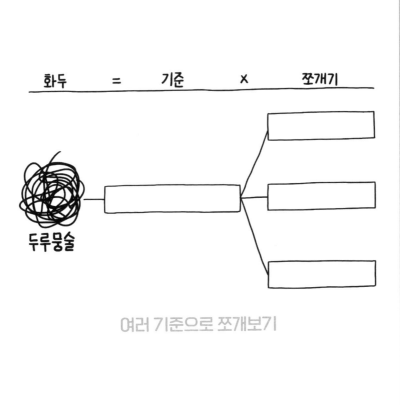

화두   =   기준   ×   쪼개기

두루뭉술

여러 기준으로 쪼개보기

Binding

묶어야 뭔가 나온다

09

. . .

앞서 이야기한 쪼개기 기술은 문제를 정의할 때뿐만 아니라 트렌드를 정리할 때, 콘셉트를 잡을 때, 스토리텔링을 할 때도 항상 필요한 습관이다. 그런데 쪼개는 것이 끝이 아니다. 이번에는 분해했다가 다시 묶는 방법에 대해 이야기하고자 한다.

예를 들어, "기획해봐!"라고 던져준 무시무시하고 막막하고 뭔지모를 덩어리가 있다고 가정하자.

대뜸 "싫어요"라고 하기 전에 먼저 이 덩어리를 잘게 쪼개보는 것이다. 기획은 '누가 누가 잘게 쪼개나'로 시작된다.

그리고 공통점을 찾아 의미 있는 단위로 잘 묶어야 한다.

그다음에는 묶은 단위별로 의미를 잘 부여해준다.

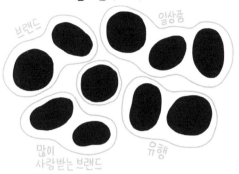

마지막으로 의미를 부여한 집단에 이름을 잘 지어주자.

정리하면 기획의 큰 흐름은 다음과 같다.

누가 누가 잘게 쪼개나

↓

누가 누가 의미 있는 단위로 묶나

↓

누가 누가 의미를 더 잘 부여해주나

↓

누가 누가 의미를 부여한 집단에 이름을 더 잘 지어주나

왜 이렇게 쪼개고, 나누고, 다시 묶는 과정이 중요할까? 바로 우리의 뇌신경계 구조 때문이다. 뇌신경 언어학과 경영 전략 전문가인 아타카 가즈토安宅和人의 이론을 살펴보자.

뇌는 신경이 서로 연결만 되어 있는 구조이다. 즉, 신경 사이의 연결이 기본적인 이해의 근원이다. 따라서 지금까지 별로 관계없다고 생각했던 정보 사이에 연결이 있다는 사실이 확인되면 우리 뇌는 큰 임팩트를 받는다. 사람이 무언가를 이해한다는 것은 '두 개 이상의 다른 기지의 정보에 새로운 연결을 발견한다'는 것으로 바꾸어 말할 수 있다.

- 『세계의 엘리트는 왜 이슈를 말하는가』, 에이지21

좀 더 쉽게 설명해보자. 어떤 내용을 주저리주저리 말하는 것은 상대방에게 시끄러운 꽹과리 소리와 같다. 하지만 앞서도 이야기했듯이, 전달하는 내용을 상대방 뇌리에 있는 지식, 정보와 연결해서

말하면 상대방의 뇌는 임팩트를 받고, 이해했다고 생각하며, 기억을 한다. 상식적으로 보아도 그렇다. "나 밤새 생각했어"라고 했는데 결과가 달라 보이지 않으면 밤새 생각한 것은 무의미해진다. 어른의 세계에서는 '내가 밤새 생각한 과정'이 아니라, '상대방에게 밤새 생각한 것처럼 보이는 결과'가 더 중요하다.

이 자전거 그림처럼 모두 쪼개졌다 다시 연결되어 처음과 '달라 보이는' 아웃풋을 보여주어야 상대방은 "음, 말이 되네", "그럴듯한데?", "오, 의미가 있어"라고 반응한다. 그래서 당신의 기획서에는 막연한 나열이 아닌 '연결'된 결과물이 있어야 한다.

연결하여 나타나는 결과물은 아래의 3가지로 정리된다.

현상 나열 vs. 의미 있는 연결
의미 있는 연결을 위한 3가지 아웃풋

- 공통점

- 그룹핑
- 패턴

기획을 잘하는 사람은 현상에 파묻히지 않고, 그 현상을 전지적 작가 시점에서 바라본다. 즉, 그들은 전지적 작가 시점에서 현상들을 쪼개고, 공통점이 있는 것들을 찾아내고, 그것들을 묶는 그룹핑을 해서, 패턴을 발견한다. 좀 오래된 화두이긴 하지만, 더 많은 분들의 쉬운 이해를 위해 '러브마크^{Love Mark}'를 활용하여 설명하겠다. 홍보 전략 담당자가 브랜드의 미래에 대해 러브마크라는 개념을 내세웠다면, 어느 날 잠을 자다가 우연히 외계인과 교신한 후 "이번엔 러브마크니라" 하고 맥락 없이 정한 것이 아니다.

담당자의 프로세스를 추론해보자.

다양한 브랜드들을 어떻게 분류할 수 있을까?

전지적 작가 시점에서 브랜드들을 쪼개고 → 공통점을 찾아 → 그룹핑을 한다.

어떤 브랜드들은 항상 사용하는 '일상품'이야. 또 어떤 브랜드들은 인기를 얻었다가 금방 사라지는 '유행'이 있고, 우리에게 '브랜드' 자체로 각인되는 것도 있네. 그리고 이유를 막론하고 사람들에게 '미친 듯이 사랑받는 브랜드'도 있어!

↓

패턴을 발견한다.

위의 4가지 그룹 중에서 모든 브랜드가 궁극적으로 지향하는 미래는 '미

친 듯이 사랑받는 브랜드'라고 할 수 있지.

↓

네이밍을 한다.

이런 브랜드의 미래를 '러브마크'라고 이름 붙이자!

이렇게 나눈 4가지 분류를 정리하기 위해 적절한 축을 기준으로

세운다. 이 경우 'love'와 'respect'를 두 축으로 정했다.

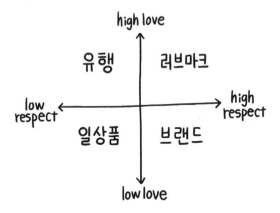

이 축에 의거하여 우리의 브랜드를 분석해본다. "우리 브랜드의

위치가 아직 일상품인데 러브마크가 되기 위해서는 무엇을 해야 할

까? 러브마크의 특징은 'high love'와 'high respect'인데, 우리 브랜드는 이런 점이 부족하니까 빈틈을 채우려면 이렇게 해야겠구나." 이렇게 도출된 결론을 목표로 삼고, 제대로 방향을 잡은 콘셉트를 정하고, 구체적인 실행 방안을 작성한다.

소비자 보고서나 트렌드 보고서도 마찬가지다. 센스 있는 누군가만이 써낼 수 있는 특화된 영역이 아니다. 수많은 소비자를 쪼개어 공통점을 찾고, 그룹핑을 하고, 패턴을 발견해서, 이름을 붙이면 된다. 그렇게 함으로써 '○○족', '○○ 트렌드', '○○ 신드롬'이라고 명명되는 것이다.

이제 다시 내 기획서를 보자. 상황이나 타깃이나 트렌드가 '나열'만 되어 있는가? 아니면 '연결'의 형태로 깔끔하게 정리되어 상대방의 뇌 속으로 의미심장하게 꽂히고 있는가? 검색하면 나오는 의미 없는 정보들을 늘어놓았는가, 검색으로는 찾을 수 없는 인사이트가 있는가? 그것은 정리인가, 기획인가?

회사에서 진행하는 일상적 기획은 대단한 인사이트와 콘셉트까지 갈 일이 없다. 그저 '묶기'만 잘해도 서로 너무 좋다. 예를 들어, 월드비전에서 북한 사업 소개서를 같이 정리할 때 북한의 실상을 알고 정말 놀랐다. 간간히 미디어에 나오는 모습들은 지극히 일부 중 일부구나 싶었다. 실제 북한 주민의 삶은 인구 절반이 영양 부족(43.4%)에 시달리고, 농촌 절반이 오염된 물을 먹고 썼다. 유엔이

발간한 〈2019 대북 인도주의 필요와 우선순위 보고서〉에서 Global Hunger Index를 인용한 바에 따르면, 119개국 중 109위로 스스로 못 빠져나오는 만성적 기아 상태에 빠져 있었다.

월드비전은 우선 북한 주민들을 살리기 위해 식량 지원, 식수 사업, 위생 시설 사업, 농학자 사업, 옹호 사업, 정책 지원 사업 등을 하고 있는데, 하는 일이 너무 많다 보니 오히려 정리가 어려운 상황이었다.

그래서 우선 하고 있는 일들이 뭔지 수집했다.

- **식량 지원**
- **식수사업 인프라**
- **위생 시설 인프라**
- **농학자 역량 강화**
- **옹호 사업**
- **정책 지원**

그다음 이 많은 일들을 공통점이 있는 것끼리 두세 개로 묶으려고 노력했다. 먼저 너무 굶고 있으니 먹이는 것부터 시작해, 깨끗하게 씻게 하는 것, 알리는 것으로 묶을 수 있었다.

먹는 것
· 식량 지원
· 농학자 역량 강화

씻는 것
· 식수 사업 인프라
· 위생 시설 인프라

알리는 것
· 옹호 사업
· 정책 지원

이걸 더 쉽게 전달할 수 있도록 3가지를 각각 '밥', '물', '말'로 이름

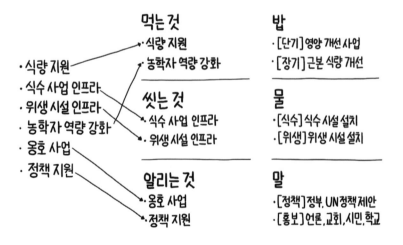

붙이고, 아래와 같이 정리해 앞의 항목을 구분했다.

저희는 식량 지원, 식수 사업, 위생 시설 사업, 농학자 사업, 옹호 사업, 정책 지원 사업 등을 하고 있습니다.

vs.

저희 사업의 핵심은 3가지, 먹이고, 씻기고, 알리는 일입니다.

가이드를 드리니 바로 이렇게 명쾌하게 묶어주신 담당자님 대단하시다. 확실히 주르륵 나열하는 것보다 묶으니까 뇌에 잘 들어온다.

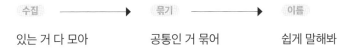

수집	묶기	이름
있는 거 다 모아	공통인 거 묶어	쉽게 말해봐

콘셉트를 도출하는 과정도 이와 같다. 예를 들어, '청춘을 위한 박람회'를 한다면, 콘셉트를 무엇으로 잡을까? 우선 청춘에 대한 이야

루저   젊은 게 재산

아프니까 청춘이다

스펙 열풍   아직 아무것도 아님
                  돈 있는 것도 아님
      반값 등록금   애인 있는 것도 아님
                  적성도 모르겠음
                  멘붕

기를 모두 모아서 쪼개는 것이 1단계다.

대부분 사람들이 "아, 88만 원 세대", "스펙 열풍에 너무 힘들어"라고 하면서 현상에 갇혀 있을 때, 거기에서 빠져나와 전지적 작가 시점으로 그 이야기들의 공통점을 찾고, 그룹핑하고, 패턴을 발견하자. 내가 찾은 것은 청춘이란 참으로 최악과 최고의 극단적인 패턴을 가진 시기라는 점이었다.

최악	최고
88만 원 세대	젊은 게 재산
루저	이쁜 것보다 젊은 게 이김
아무것도 아님	무한한 가능성의 시기
스펙 열풍	부양가족도 없으면서 뭘 하고 싶어도 못 해?
아프니까 청춘이다	아플 수도 없는 마흔이다
약함	찬란함

그들은 88만 원 세대라지만 또 젊은 게 재산인 세대고, 스펙의 상향 평준화로 대부분이 루저 감수성을 가졌다지만 젊음은 모든 것을 이기므로 태생적으로 위너다. 모든 게 불확실하고 불안정한 시기이기에 청춘은 자신이 아무것도 아니라고 여기지만, 나이 든 사람의 눈에는 그 무한한 가능성의 시기가 부러울 따름이다.

이렇게 최악과 최고의 패턴을 찾다 보니, '청춘은 찬란한 시기에 울면서 피는 꽃'이라고 정리되었다. 이후 나의 '최측근'인 김예원 감독의 영화 〈울화〉의 제목을 차용해서 '청춘, 울면서 피는 꽃: 청춘울

청춘, 울면서 피는 꽃
청춘울화(靑春鬱花) 박람회 제안

화 박람회'라는 콘셉트를 탄생시켰다.

이런 질문을 받기도 했다. "박신영 씨, 그래도 당신의 머릿속에 〈울화〉라는 영화 제목이 있었기 때문에 저런 게 나온 것 아닌가요?" 맞다. 5%의 의식과 95%의 무의식에 대한 이론을 듣는 순간, '인간은 딱 자기의 무의식에 저장된 만큼만 상상하겠구나'라는 아찔한 생각이 들었다. 의식하고 있지 않아도 내 머릿속에 무의식적인 데이터베이스가 있는 것이니까, 무언가 아이디어를 내야 할 때면 거기에 저장된 만큼 발현될 테니.

이때부터 나는 절대량을 쌓는 습관이 생겼다. 그래서 무언가를 시작하면 '100개만 해보자'라는 마음가짐이 습관화되어 있다. 누군가 당신에게 피아노 연주를 맡기면 100번만 쳐보자. 실력이 있어야 기교나 느낌이 있는 연주를 해도 가볍게 들리지 않는다.

발표를 할 때도 100번만 해보자. PPT를 만들 때도 100개만 만들어보자. 운동을 배울 때도 100번만 반복해보자. 이런 습관을 기르면 마음이 편하다. 자신에게 매우 관대해지기 때문이다. 몇 번을 실패해도 괜찮다. 지금은 절대량을 쌓고 있는 순간이니까.

콘셉트나 아이디어를 생각해내야 할 경우에도 마찬가지다. 만약 꽃이라는 주제가 던져지면 하루 종일 꽃만 찾아보는 식이다. 하루가 무언가? 며칠 동안 모든 감각을 꽃에 집중시키고, 블로그든 책이든 꽃과 관련된 내용을 찾는다.

꽃에 대해 이런 이미지, 저런 이미지, 그런 이미지로 표현한 것들을 무궁무진하게 찾다 보면, 그 내용이 당신의 무의식에 쌓여 의식적으로 아이디어를 생각할 때 영향을 끼치게 된다.

"저는 아이디어가 하나도 생각이 안 나요. 이 일에 소질이 없는 건가요?"라는 질문도 많이 받는다. 이런 사람들에게는 앞서 언급한 뇌 전문가 이케가야 유지의 『단순한 뇌 복잡한 나』에 소개된 '절대량이 직감에 미치는 영향'에 대해 알려주고 싶다.

이에 의하면, 직감은 기저핵에서 생긴다고 한다. 이것이 왜 놀라운 이야기인고 하면, 기저핵은 운동기억(근육기억)의 자리로 유명한 곳이기 때문이다.

자전거 타기나 젓가락질을 하는 행동은 처음에는 어색하지만 한 번 익히면 운동기억이 절대로 잊어버리지 않는다. 이런 운동기억의 자리와 직감이 생기는 뇌 영역이 같다는 말은 직감도 반복하고 절대량을 쌓으면 무의식적으로 습득된다는 것을 의미한다.

젓가락질을 할 때 '오늘은 컨디션이 좋지 않으니 상완이두근을 3cm 정도 수축시키고, 다음에는 삼각근을 5mm만 이완시켜서 김치를 잡아야겠다'라고 생각하는 사람은 없다. 그저 절대량의 연습을 한 후에 자연스럽게 한다. 그렇다면 직감도 학습과 훈련을 통해 도출될 수 있다는 뜻이다. 하지만 경험이 뒷받침되지 않은 느낌은 직감이라고 부를 수 없으니, 신나게 삽질하더라도 억울해하지 말자.

크리에이티브 분야는 정답이 없어서 늘 열심히 해도 삽질하는 기분이 들었다면, 이제 뇌과학에 의지하여 어깨를 펴고 자부심을 갖자. 그리고 "깊게 파기 위해 넓게 파기 시작했다"라는 스피노자 Baruch de Spinoza의 말처럼, 깊고 넓은 삽질로 절대량을 채워보는 것은 어떨까?

복잡할 때는 묶기

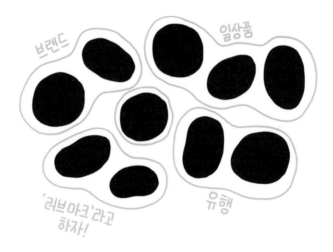

1. 공통점 찾아
2. 묶어 (→패턴 발견후)
3. 이름붙이기

Expectation effect

가성비를 검증해보자

10

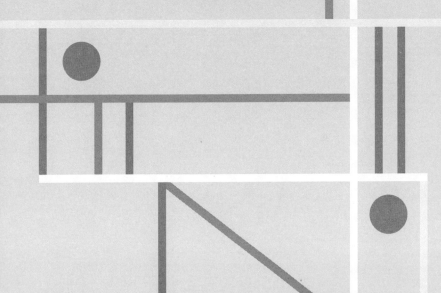

. . .

근데 꼭 해야 돼요?

모든 기획은 '돈을 쓰자'는 이야기다. 일은 돈이 들기 때문이다. 기획 아이디어가 아무리 좋아도 그걸 실행하려면 시간, 비용, 사람이 필요한데 이 3가지는 다 돈이다. 누군가 데려다가 "이거 진행해줘. 돈은 못 줘"라고 할 게 아니라면, 다른 이의 노동과 시간, 돈을 소중히 여기는 사람이라면, 마지막으로 꼭 생각해야 할 것은 굳이 이 돈을 들여서 실행해야 하느냐는 것이다.

그래서 상대방도 묻는다. "꼭 해야 할까?"

결국 가장 효과가 좋은 건 '전 vs. 후'를 정리해서 보여주는 거다. 상대방으로 하여금 '이렇게 바뀐다면 돈 쓸 만하지'라고 생각하게 하는 데 비교만큼 좋은 건 없다. 얼굴이 작아지는 마사지 홍보글을 보고 놀란 적이 있다. 원장님이 어떻고, 제품이 어떻고, 회사 이력이 어떻다는 이야기를 들으면 '뭐, 좋긴 하겠지만…' 하는 생각이 들더라도 '진짜 그럴까?'라는 의구심에 최종적인 결제까지는 어려울 수 있다. 그런데 '20회 관리 전 vs. 후' 얼굴 석고 모양을 비교해서 보여주는데, 20회 석고 모형이 1회 석고 모형에 쏙 들어갔다. 그걸 보니 '진짜 작아지긴 하나 보네' 하며 이해가 쏙 되었던 기억이 있다.

비교

기본적으로 앞서 말한 문제 해결 전후, 빈틈 상태의 전후를 보여주는 게 좋다. 물론 구구절절 적지 말고 표로 그려주고 '전 vs. 후' 각각 대응되는 숫자로 제시하거나 사진, 그림으로 명쾌하게 보여준다. 기획을 하기 전 문제의 흐름도를 그린 경우라면 실행 후 흐름도가 어떻게 바뀔지 비교해서 보여줄 수 있다. 내 제안이 없을 때의 악순환을 보여주고 내 제안이 있을 때의 선순환을 보여주는 거다.

가장 기본은 비교다. 그리고 덧붙여 활용할 수 있는 6가지를 간단히 체크해보자.

1. 가성비

가성비를 계산해줄 수 있다. 예를 들어, 프로세스 개선을 제안할 때 '개선 전 vs. 후'를 보여주고 그로 인해 필요한 예산 대비 얻는 걸 비교해주는 거다. 만약 시간이 절약된다면 '절약 시간 × 1년 근무 일수 × 관련 담당자 × 시급 = 비용'으로 환산하여 예산 대비 얼마를 얻는지 보여준다. '오, 돈 써서 저렇게 돈을 절약하면 괜찮네' 혹은 '1년까지는 비용이 나가지만 그 후부터는 오히려 이득이네'를 생각하도록 도와주는 거다. 이걸 상대방이 계산하게 하지 말라. 잘 쓴 기획서는 상대방 뇌를 덜 쓰고 단박에 알게 하는 게 좋은 거니.

2. 몇 명

인지도를 올리거나 이미지를 좋게 하는 바로 비용 환산이 어려운 경우에는 어떤 사례를 근거로 몇 명 정도에게 노출될 것인지를 정리해줄 수 있다. 인플루언서 활용이나 이벤트를 했을 때 비슷한 진행 사례를 들어 몇 명 정도의 노출을 기대할 수 있는지 상대방이 상상할 수 있도록 도와주는 거다. '오, 이 돈 써서 저 정도 사람들이 보게 된다면 한 명당 얼마를 투자한 거니 괜찮네.' 이렇게 안심할 수 있도록.

3. 몇 가지

나 또한 강의를 기획할 때 '결국 사람들이 몇 시간 투자해서 얻어가는 게 뭘까?'에 대해 고민한다. 얼마나 귀중한 시간을 빼서 오는지 알기에 "제 강의를 들으면 기획의 전반적인 구조를 알아갈 수 있죠"라고 두루뭉술하게 이야기하기보다 "〈기획서 작성의 현실 tip 5〉를 정리할 수 있어요"처럼 예상 아웃풋 개수를 이야기하려고 노력한다. '내가 이 정도 시간 들여서 몇 가지는 가져갈 수 있겠구나'라고 생각할 수 있도록 도와주는 거다. 비교표를 그리는 이유도 "진행 후 핵심 3가지는 바뀝니다" 혹은 "얼마 투자로 가장 중요한 2가지는 확실히 변합니다"로 말하기 위해서다. 비교표가 구체적 개수를 알려주기에 쉽게 알아들을 수 있는 거다.

4. 예상 반응

기획한 걸 실행할 때 얻게 될 예상 반응을 보여주는 것도 방법이다. 기획자는 당연히 머릿속에 그림이 있거나 혹은 '해봐야 알지' 싶을 수 있지만, 상대방은 여기에 수천에서 수억 원을 들이는 경우가 많기에 정말 괜찮은 의사결정인지 두려울 뿐만 아니라 담당자가 아니라서 예상 반응을 못 그린다. 예를 들어, 의사가 "A라는 약물을 넣어 B라는 수술을 할 겁니다"라고 말하면 의료 지식이 없는 나 같은 사람은 A, B를 한다는 것은 알아듣지만 그래서 몸이 어떻게 되는지, 환자가 어떤 일을 겪게 되는지 모른다. 즉, 관련 지식이 없으면 예상 반응도 '예상'할 수 없다.

그래서 상대방이 상상할 수 있도록 가상의 예상 반응을 보여주며 이해를 도와야 한다. 이를테면, 진행 후 SNS에 어떤 글이 올라오게 될지, 해시태그는 어떤 게 달리게 될지, 사람들이 뭐라고 이야기하게 될지를 보여준다. 포털에 어떤 헤드라인으로 노출될지 보여주는 이미지를 간략하게 만들어 '어떤 식으로 회자되겠구나' 하고 상상할 수 있도록 도와준다.

5. 손실 회피

손실 회피를 한 번 더 활용할 수 있다. 해서 좋은 걸 보여줄 수 있지만 안해서 손해 입은 사례를 보여주며 촉구할 수도 있다. 예를 들면, 소비자들에게 안전 관련 컴플레인이 많이 들어와서 개선하자는 기획서를 썼는데,

예산이 많이 들어 설득이 어려울 수 있다. 그렇다면 타사에서 동일 사례 발생 시(개선하지 않았을 때) 입은 손해, 이미지 피해 등을 비용으로 환산해서 이런 일이 없도록 진행하자고 설득할 수 있다.

6. 큰 그림

지금 내가 말하는 기획은 이 부분이지만, '만약 이 퍼즐이 완성되면 이렇게 확장될 수 있다'라는 큰 그림을 보여주는 경우도 있다. 예를 들면 지금 내가 기획한 것은 '기획의 정석' 책이지만 이게 잘되고 나면 직장인이 많이 쓰는 문서 형태로 '1장 보고서의 정석', '제안서의 정석', '도식화의 정석'으로 시리즈로 확장시키겠다는 큰 그림으로 설득하는 거다. 혹은 지금은 A 집단에 한정했지만 잘 진행되고 나면 B, C 집단으로 확장될 수 있음을 한 장으로 정리해서 '어떤 식으로 장기적으로 굴러갈 수 있겠다'를 상상하게 도와줄 수 있다.

기대 효과에 '긍정적 이미지 구축'이란 말을 많이 쓴다. 어른이 되니 돈 버는 일이 얼마나 힘든지 안다. 피, 땀, 눈물 들어간 수백, 수천, 수억을 쓰는 일에 '긍정적 이미지 구축'이란 말은 너무 해맑다. 당신의 기획 아이디어가 소중하듯 상대방의 시간과 돈도 소중하다. 시간을 내고 돈을 내는 상대방에게 '이런 걸 얻게 될 거야', '이런 게 확실히 바뀔 거야'라고 정리해주는 건 예의 아닐까?

예산 들지만 vs. **이런 결과**가 나올 거야

이런 숫자를 얻을 거야

이런 사례를 얻을 거야

이게 확실히 정리되어 있다면 상사는 물론 나에게도 좋다. 내 책 또한 이런 마음으로 정리했다. '기획 책이야 vs. 기획을 시작하는 10 가지 습관을 알려줄 거야'로 예상 성과를 생각하며 정리하다 보니 잘 생각한 예상 효과는 제목이 되기도, 부제가 되기도, 아니면 명쾌한 인트로가 되기도 했다.

예상 성과라고 꼭 마지막에 써야 하는 것은 아니니, 우선 이 책에서 알려준 기획 프로세스별로 아이데이션을 다 해본 후 기획서 순서는 가장 효과적인 걸로 바꾼다.

가성비 검증: 비교 + 6가지

꼭 진행할지 내가 계산해주기기

한 장으로 정리한 '기획의 정석'

지금까지 기획 기본기 10가지 습관을 살펴봤다. Pain killer, vitamin을 만들기 위해 구시렁을 모으고, 왜 그런지 파헤치고, 해결 방법을 한마디로 정리하는 과정을 짚었다. 그다음 내 아이디어를 선택했을 때와 안 했을 때를 대비하고, 다른 아이디어들에 맞대어 괜찮은지 비교한 후, 실제 실행 계획을 세우고 그 뒤에 얻게 될 성과까지 가늠해보는 과정도 살폈다.

이를 한 장으로 그린다면 오른쪽 페이지 그림과 같다.

기획이란 이렇게 시들한 상황을 발견하고, 숨겨진 죽어가는 뿌리를 찾아 살리고, 전보다 혹은 다른 나무보다 나은 열매를 만들기 위해 고민하고, 피땀 흘려 실행 후 예상 아웃풋을 내거나 낼 것을 보여주는 것이다.

PLANNING THINKING PROCESS®

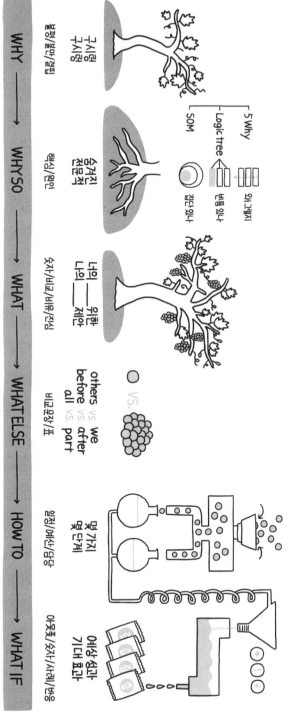

5 Why
Logic tree
SOM

왜 그렇지
뭔들 있냐
건더 있나

VS.

others vs. we
before vs. after
all vs. part

WHY	WHY SO	WHAT	WHAT ELSE	HOW TO	WHAT IF
불만/불안/결핍	핵심/원인	숫자/비교/버전/진심	비교우위/표	일점/예산/납품	아웃풋/숫자/사례/반응
구시렁 구시렁	숨겨진 진짜	너의 ___ 위한 너의 ___ 제안		몇 가지 몇 단계	예상 성과 기대 효과

기획의 process를 부드럽게 정리하면 이렇지만, 현실에서 기획서는 결국 상대방의 두려움을 없애주느냐의 싸움이다. 상대방은 두려운지 계속 묻는다. 왜? 진짜 왜? 그거 괜찮아? 딴것도 있잖아? 진행이 될까? 얼마 들까? 그 돈, 시간, 사람 써서 꼭 해야 될까?

그래서 기획서 목차는 상대방의 두려움 목록이고, 그걸 하나하나 안심으로 바꿔주는 게 기획자의 몫이다. "괜찮아질 거야"만 말하면 전혀 괜찮지 않으니 원인, 숫자, 비교, 계획과 함께 말하는 것. 잘 보이게 정리해주는 것.

그래서 3줄로 요약한다면,

두려움 수집(*집단 찾기)
→ 두려움 원인 찾아 해결 → (안심) 전 vs. 후, 딴것 vs. 이것
→ 실행(예산, 담당, 일정) → (안심) 가성비(예산 vs. 얻는 것)

두려움을 안심으로 바꾸는 이 작업에 이 책의 10가지 습관이 도움이 되길 빈다.

지금 맨땅에 헤딩 중인 기획인들께

우리는 모두 '상대방' 때문에 어려움을 겪는다. 하지만 아이러니하게도 우리 모두는 누군가의 상대방이다. 이 점을 기억한다면 시선이 좀 달라질 때도 있다. "나는 왜 못할까?"라고 자책하지 마시길. 그동안 주저리주저리 말했어도 잘 들어주는 사람들이 곁에 있어준 까닭이다. '나는 그동안 아주 사랑받았구나'라고 생각하시면 된다. 이제 이 책에서 알려드린 10가지 습관을 기억하고 활용하면, 더 어마어마한 사랑을 받으리라고 확신한다.

100%는 아니지만 기획을 잘하는 사람들은 대개 어릴 때부터 이런 말을 들으며 훈련되어왔다. "엄마 바빠. 그래서 뭘 원하는 거야(문제가 뭐야)?", "어떻게 해줘(해결책이 뭐야)?", "길게 말하지 말고 핵심이 뭐야(콘셉트가 뭐야)?" 혹은 "왜?", "뭐?", "어쩌라고?", "근데 그거 꼭 해야 하냐?" 등등.

나는 예전에 다니던 회사에서 프로젝트가 생길 때마다 새로운 팀의 일원으로 일하면서 수많은 상사와 동료 그리고 클라이언트를 만나게 되었고, 그 덕분에 정말 많이 배웠다. A가 좋아하는 기획을 B는 혐오하기도 했다. 그러나 기획은 정답의 영역이 아닌 취향의 영역이라는 것을 인지하는 순간, 조금은 자유로워지기도 했던 것 같다.

그리고 내가 아닌 상대방이 중요하다는 사실을 진심으로 체득했다. 하지만 그들에게 공통적으로 통하는 원리가 무엇인지 고민하게 되었고, 그 결과로서 이 책이 만들어졌다. 그동안 나의 상대방이 되어준 분들께 감사드린다.

마지막으로 매일매일 후달리는 나에게 도움이 되었던 생각 경영법 4가지만 더 말씀드린다.

Yes의 크기

어느 날, 모교의 이재영 교수님께서 전화를 주셨다.

먼저 잠시 설명하자면, 교수님은 하루하루 열심히 살기는 했지만 아무런 성과도 돈도 없고 배고파서 좌절하던 시절에 나를 일으켜주셨던 분이다.

전공과 무관한 기계제어공학부 교수님이라서 뵐 기회도 없었고 잘 모르는 분이었는데, 공모전 준비를 하다 보니 '광고를 광고적으로만 접근하면 경쟁력이 없겠구나' 싶어서 기계제어공학부 특강을 들으러 갔었다. 그날 강의 말미에 교수님께서 이렇게 말씀하셨다.

"창조주의 지적 에너지 '폭발'을 믿어라. 당신을 만든 하나님은 당신의 생각만큼 쪼잔하지 않다."

강의실 구석에 앉아 있던 어린 여학생은 심장이 터지는 줄 알았다.

"그래, 어느 정도 우위가 아니라 '폭발'! 쪼잔하지 않게 '압도적'으로!"

그렇게 내 심장을 휘저어놓았던 교수님이신데, 전화로 또 한 번 심장을 휘젓는 말씀을 하셨다. 한국산업기술진흥원에서 주관하며 세계적인 석학들을 초청하는 '테크플러스 2010 포럼'에서 같이 PT를 해보지 않겠냐며, 잠실체육관에서 하는데 관객은 6,000명쯤 될 것 같다고 하신 것이다(여기서 포인트는 '심드렁하게' 말씀하셨다는 것이다. 마치 "내일 점심 메뉴는 인도 요리로 할까?" 정도의 편안한 느낌으로).

프레젠테이션을 하는 연사를 살펴보았더니 HP 퍼스널시스템그룹의 부사장인 토드 브래들리Todd Bradley, 증강현실 기업 토탈이머전의 아시아태평양 대표인 필리프 드 파소리오Philippe dePassorio, 〈타임스〉가 주목한 21세기형 지식인 재런 러니어Jaron Lanier, 인시아드 경영대학원의 이브 도즈Yves Doz 교수, 밀라노 폴리테크니코 대학교의 로베르토 베르간티Roberto Verganti 교수, 버지니아공대의 데니스 홍Dennis Hong 교수, 카이스트의 정재승 교수 등이 계셨다.

이 대단한 분들 사이에서 내가 감히? 게다가 6,000명 앞에서 망치기라도 하면? 유튜브에도 올라간다는데 혹시 실수라도 하면 온라인에 영원히 떠돌아다닐 그 영상을 어떻게 감당할까? "23관왕이라던데, 뭐 별것 없네"라고 사람들이 실망하면? 혹은 내가 떨려서 강의할 내용을 잊어버리면?

어릴 적에 발표를 하면서 아무것도 생각나지 않아서 눈만 끔뻑끔뻑했던 끔찍한 경험이 있었는데, 까맣게 잊고 있던 그 트라우마가 떠오를 정도로 머리가 복잡해졌다. 번지점프를 하기 직전처럼 아찔한 느낌이 들어서 자다가도 벌떡 일어났다.

'교수님, 정말 죄송한데요, 저 못하겠어요. 번복해서 죄송해요'라는 문자를 썼다 지웠다 하길 100번은 한 것 같다. 그런데 중요한 것은 어쨌거나 나는 yes를 했다는 사실이다.

내 인생의 yes들은 "오늘을 기다렸습니다. 시켜만 주십시오. 완벽하게 해드리죠!"라고 말하는 큰 yes가 아니었다.

얼굴 빨개지고 촌스러운 아주 작은 yes였다. 그럼에도 어쨌든 내가 yes를 선택한 이유는 '모든 사람은 후달린다'는 사실을 알고 있었기 때문이다. 즉, 결국 이기는 사람은 '미리' 후달려본 사람이라는 사실을 깨달았던 것이다.

Yes.

당연한 일이지만, 우리가 간과하고 있는 것이 있다. 처음으로 6,000명 앞에서 발표하면 미친 듯이 후달리지만, 일단 한번 경험하고 나면 그다음에는 조금 수월해지고, 나중에는 더욱 수월해진다는 점이다. 그렇게 100번을 하다 보면 자다 일어나서도 할 수 있지 않을까? 그렇게 앞으로 나아갈 때 스스로에 의해서든 타인에 의해서든 피드백이 있기에, 그것을 반영하고 수정하면서 좀 더 나은 결과물을 내놓게 되지 않을까?

돌이켜보면 '6,000명을 앞에 두고 떨려서 오줌이라도 싸면 어쩌지?'라는 걱정에 머리가 복잡했지만, '오줌을 싼다고 해도 나이가 들었을 때 더 중요한 무대에서 그 일(?)을 치르는 것보다 좀 더 젊을 때 그러는 편이 낫지 않을까?'라는 생각도 들었다.

그러면 나이가 들었을 때 "제가 지금은 이렇지만, 실은 이십 대 때는 오줌을 쌌지 뭐예요"라고 우스갯소리를 할 수도 있을 것 같았다. 재미없고 모범답안 같은 이야기들보다 더 많이 회자될 수도 있고, 오줌 쌀까 봐 두려워서 절대 남 앞에 못 서는 이들에게 진정한 희망이 되어줄 수도 있지 않겠는가.

청와대에 강의를 하러 갔을 때도 마찬가지였다. 아무리 다양한 강의 경험이 많다고 해도, 이것은 전혀 다른 세상이었다. 청와대에 가기 전날에는 잠도 못 잤을 정도였다. 그러면서 이것은 절대량을 채우기 위해 어쨌든 지나야 하는 시기이니 '견딘다'라고 생각했다. 실제로 청와대 강의는 어땠을까?

인생의 대선배님들 앞에서 이십 대로서 강의하는 일은 절대로 수월하지 않았다. 하지만 그 후달림을 살짝 모른 척하고 준비한 대로 해버렸다(젊은이의 후달리는 yes를 받아주시고, 긍정적으로 바라봐주신 관계자들께 진심으로 감사드린다). 한 번, 두 번, 이렇게 강의를 계속할수록 나는 까르르 웃으면서 신나게 말하는 모습으로 변화되었다.

공모전에서 처음 PT를 할 때도 떨려 죽는 줄 알았다. 그런데 하고 또 하다 보니 나중에는 할 만해졌다. 회사에서도 대리님, 팀장님, 부사장님, 사장님 앞에서 내 기획서를 보여드릴 때마다 후달렸다. 그런데 자꾸 하니 할 만했다.

인생에서 후달리는 시기는 계속 온다. 그것은 정상적인 일이고, 그 시기를 지나고 나면 결국 잘하게 될 것을 알기에 버텨낸다. 어색하고 두려운 영역을 익숙하게 만들어 원래 잘했던 것마냥 즐기며 사는 삶은 누가 먼저 yes를 하느냐에 달려 있다.

Who cares?

나의 정신적 멘토이자 『렛츠 그루브』를 함께 집필하기도 한 친구 민아와 이야기하다가 "야, 내가 이렇게 하면 이 사람이 이럴 것 같고, 저렇게 하면 저 사람이 저럴 것 같은데 어쩌지?" 하고 참 못난 고민을 털어놓은 적이 있다. 우리는 때로 주변 사람들의 반응을 예상하고, 그 때문에 행동하지 못할 때가 있지 않은가. 그런데 그녀의 대답은 이랬다.

"신영아, who cares?"

사람들의 비판에 대해 생각해보자. 공모전 수상 경력이 많은 사람이 기획서를 쓰면 이런 비판을 한다. "아직도 공모전 스타일의 기획서를 쓰네." 하지만 이런 경력이 없는 사람에게는 "너는 공모전 경험도 없니? 기본이 안 되어 있잖아"라고 비판한다.

회사의 경우에는 승진 여부를 놓고 이렇게들 말한다. 성격이 좋다고 평가되는 사람에게는 "그 사람은 좋기는 한데 우유부단해. 그래도 일을 하려면 독한 구석이 있어야지!" 그럼 독한 사람에게는? "그 사람은 너무 독해. 윗사람이 되려면 자고로 사람을 품어야 하는 법이거늘." 그렇다면 성격이 중간인 사람은? "그 사람은 그냥… 어중간하네."

어떤 일을 기획할 때면 100가지의 찬사와 100가지의 비판을 받는다. 다양한 의견을 참고하되, 흔들리지 않는 소신이 필요하다. 남을 지나치게 의식하지 말자. 새로운 무언가를 만드는 일은 맨땅에 홀로 꽃을 피우는 것이기 때문에, 이에 대해 사람들은 모두 다른 의견을 낸다.

따라서 선택과 집중에 기반을 둔 결정을 해야 한다. 사실 언제 어디서나 모든 것에 대해 기가 막히는 비판 거리를 찾을 수 있다. 인생은 '1 + 1 = 2'처럼 정답이 있는 영역이 아니기에 누구든 비판을 받을 수 있다.

하지만 거기에 휘청거려 자신이 간직하고 있는 진심을 놓아버릴 필요는 없다. 그 비판 때문에 시작조차 하지 못하고, 끝나기 전에 이미 스스로 끝내는 경우가 생기지 않았으면 좋겠다. 당신의 진심을 멈추지 말았으면 한다.

나는 회사를 그만두고 나왔을 때 이런 충고를 받았다.

"너는 왜 주류에서 벗어나려고 하니? 인생을 좀 확장시켜서 봐."

하지만 놀랍게도 회사에 다닐 때는 이런 말을 들었었다. "대기업에 있으면 한정된 영역에서만 일해서 시야가 좁아져. 인생을 좀 확장시켜서 배워봐."

이쯤 되면 남들의 의견에 휘청이는 게 얼마나 억울하고 웃긴 일인지 알 것이다. 비판하는 사람들은 모두 자신만의 프레임에 갇힌 채 이야기한다. 중요한 건 실행은 그들이 아니라 내가 한다는 것. 그렇게 말하고 그들은 까먹는다.

그러니 남들이 이야기하는 좋은 것을 가진 사람이 승자가 아니다. 내가 언제 행복한지를 알고 남들이 뭐라고 하든 "이건 나에게 맞는 거니까"라고 할 수 있는, 즉 창조주의 유일한 작품으로서 'very me'를 아는 사람이 승자다.

엄마가 되라는 나 말고, 애인이 바라는 나 말고, 회사가 요구하는 나 말고. "회사가 나를 이렇게 만들었어", "여자를 잘못 만났어", "이게 다 엄마 때문이야", "내가 너를 얼마나 기다렸는데", "내가 너를 어떻게 키웠는데", "내가 너를 위해 어떻게 견뎌냈는데" 등 삶의 끝자락에서 하는 이런 원망들은 얼마나 슬픈가?

Very me를 먼저 고민하고, very me를 위해 의미 있게 살자.

Question quality

토니 로빈스는 "질문의 수준question quality이 삶의 수준을 결정한다"라고 했다. 왜 그럴까?

우리는 끊임없이 자기 자신과 내적인 대화를 한다. '내가 이 일을 할 수 있을까?'라는 물음 속에는 이미 자신감 상실이 내포되어 있는 경우가 많다.

'나는 이런 거 못해서….'

'내가 감히 어떻게….'

이런 생각들을 할 겨를 없이 '내가 무엇을 해낼 수 있을까'를 먼저 생각해야 하는 일이 있다. 해야만 하는 일이라서, 꼭 하고 싶은 일이라서, 간절해서. 때론 실력보다 간절함이 성공을 가져온다. 출신이 이래서, 학교가 이래서, 성격이 이래서, 교수님 때문에, 상사 때문에, 애인 때문에 등등의 이유는 얼핏 논리적인 것처럼 보이지만, 실은 자신의 선택으로부터 나오는 핑계일 때가 더 많다.

아리스토텔레스^{Aristotle}는 인간이 사고하는 방식을 3가지로 나눴다. 연역, 귀납, 발상이다. 사전적 정의는 이미 많이 다루어졌기 때문에, 간략한 예시를 통해 알아보고자 한다. 만약 내가 남자친구를 만들고 싶은데 남자들의 이상적 여친상 1등으로 김태희가 뽑혔다면 이렇게 생각할 수 있다.

연역

모든 남자는 김태희같이 생긴 여자를 좋아한다.

→ 거울 속의 나는 전혀 김태희처럼 생기지 않았다.

→ 나는 망했다.

귀납

A 선배도, B 오빠도, C 동생도 김태희 같은 스타일을 좋아한다.

→ 나는 전혀 그렇게 생기지 않았으니 망했다.

발상

아, 시끄럽고, 모르겠고! 어떻게 남자친구를 만들 수 있을까?

인간이 하루에 평균적으로 하는 생각은 몇 개나 될까? "오만 생각을 다 했다"라는 표현이 있는데, 실제로 미국에서 실험을 해보니 인간이 하루에 하는 생각이 5-6만 가지였다고 한다.

하루에 하는 생각이 5만 가지라면, 생각'나는' 것이 아니라 생각'하는' 것일 수 있다. 즉, 5만 가지 생각 중에서 어떤 것에 더 집중할지는 나의 선택일 수 있다는 뜻이다. 누군가는 연역과 귀납을 이용해서 논리적으로(하지만 우울하게) 살고, 다른 누군가는 비논리적이지만 자기가 하고 싶은 일과 할 수 있는 가능성에 더 중점을 두고 신나게 살아간다.

나 또한 아리스토텔레스의 가르침을 접한 후에, 연역과 귀납은 기획서를 작성할 때만 사용하고 일상생활에서는 잊어버리기로 선택했다. 그렇게 하지 않을 경우, 다음과 같은 패턴이 계속됨을 깨달았기 때문이다.

대부분의 사람들은 'SKY는 나와야 잘된다 → 나는 SKY가 아니다 → 나는 시작부터 망했다'라고 생각한다. SKY 중에서 더 선호하는 학교가 S대라면 'S대는 나와야 잘되는데 → 나는 S대가 아니다 → 나는 망했다'라고 여기기도 한다. S대 학생이라도 미국의 대학교와 비교하며 '하버드는 나와야 하는데 → 나는 S대구나 → 나는 망했다'라고 생각할 수 있고, 하버드에 재학 중이더라도 '하버드 자퇴하고 난리 나게 잘된 사람들이 이렇게 많은데 → 나는 아직 하버드에 다니고 있다니 → 나는 망했네'라고 생각할 수 있다.

혹은 하버드를 자퇴하고 잘된 사람도 '군대에 들어가 있어도 김태희 정도의 여자친구랑 사귄 사람도 있는데 → 하버드에서 나와서 잘되기만 하면 뭐해? → 망했네'라고 생각할 수 있다.

이러다 보니, 어쩌면 우리는 어떤 존재하지 않는 가상의 비교 인물을 만들어두고 끊임없이 그 사람에 비해 스스로가 얼마나 부족한지 느끼며 우울해하는 데 귀한 시간을 허비하고 있지 않나 하는 생각이 들었다. 그래서 그만두기로 했다. 비논리적으로 신나게 살기로 한 것이다.

논리적이기만 하면 아무것도 할 수가 없다. 청와대 강의를 준비하면서 '나보다 훨씬 대단한 분들 앞에서 어떻게 감히 강의를 하지?'라는 논리적인 생각이 나의 뇌리에 떠올랐다.

하지만 심장이 쪼그라지는 그 시간에 '아, 시끄럽고, 모르겠고! 어떻게 사람들의 마음을 움직이는 메시지를 전할까?' 고심하며, 5만 가지 생각 중에 발상적인 선택을 했다. 이렇게 인생이 후달리는 순간에 쫄지 않는 것도 실력이다.

일을 진행하다가 문제가 터지고, 그 문제로 인해 감정이 엉망진창이 되었는데 주어진 시간은 2시간뿐일 때, 1시간 55분 동안 징징거리는 사람이 있다. 그는 "원래 그렇게 하려던 게 아니라 이랬어야 했고… 이러저러했는데, 글쎄 이런 말을 들었어. 얼마나 속상한지…"만 되풀이하다가 마지막 5분 동안 "어쩌지? 몰라. 망할 줄 알았어"라고 한다.

반면에 "이미 일어난 일, 오케이. 어떻게 이 문제를 해결할 수 있을까?" 하고 2시간 동안 발상과 해결 방안을 중점적으로 생각하면서 일을 긍정적으로 마무리하려고 노력하는 사람이 있다.

똑같이 주어진 24시간, 5만 가지의 생각을 어디에 쓰고 있는가? 이 또한 어쩔 수 없는 일이 아니라, 자신이 선택하는 문제다. "우리는 모두 스스로 생각해서 선택할 수 있는 성인이니 발상만 하시라!"라고 일방적으로 말씀드리는 것이 아니다. 그저 논리에 얽매여 우울한 삶을 사는 분들에게 발상을 하는 방법도 있음을 꼭 알려드리고 싶다.

대타 이론

언제나 변수는 다양하다. 상황은 늘 변할 테니, 결국 누가 바랄 수 없는 중에도 바라고 믿으며 묵묵히 견딜 수 있는지가 핵심이다. 그럴 때마다 되새기는 말이 있다. "Conditions change, fundamentals continue." 즉, "상황은 변하지만 원칙은 지속된다." 그래서 기획은 결국 '뚝심 싸움'이라는 생각이 든다.

프로젝트를 진행하다 보면 기회가 주어진 것 같다가도 일방적으로 취소되기도 하고, 끝도 없이 연기되기도 하고, 다른 이에게 빼앗기기도 한다. 늘 그렇다.

그래서 주어지는 기회들에 진정으로 감사한다. 취소되어봐서, 끝도 없이 연기되어봐서 그 감사함도 깨달을 수 있었다. 그렇지 않았다면 주어지는 것들이 당연한 줄 아는 촌스러운 사람이 되었으리

라. 앞으로도 취소되고 연기되고 빼앗길 수 있다는 것을 알기에 주어졌을 때 최선을 다하는 사람이 될 수 있다. 겸허히. 초연히.

한 가지 더 깨달은 사실은 기회가 죽어도 안 주어질 것 같다가도 '대타'라는 이름으로 주어지기도 한다는 것이다. 살다 보면 다른 사람들이 바빠서 혹은 그 스케줄을 모두 감당할 수 없어서 펑크를 내기도 한다. 그래서 간간이 '내가 감히 이걸 해도 되나?' 싶은 기회가 온다. 기회는 그렇게 찾아온다. 인생은 처음부터 나에게 주연의 자리를 주지 않는다. 그러다가 대타의 역할을 맡기기도 하는데, 그때 기회를 잡을 수 있을 만큼 절대적인 내공이 쌓여 있는지가 관건이다.

말 그대로 남의 일을 대신 해주기만 하는 것은 매력이 없다. 어쩔 수 없이 당신을 쓰게 되어 불안해하던 담당자가 나중에 흐뭇한 미소를 짓고 "헉! 어쩌다 더 대박인 대어를 낚았구먼!"이라고 독백하게 만드는 것이 진정으로 매력적이다.

여기 중요한 진실이 있다. 그것은 바로 이러한 성공은 '절대량'을 전제로 한다는 사실이다. 누구나 삽질로 시작하지만, 삽질을 삽질로 끝내지 않으려면 '깊고 넓은' 삽질을 해야 한다.

핵심은 기회를 얻든지 얻지 못하든지 간에 내공을 쌓아두는 것이다. 대단하다는 남의 타이틀에 쫄지 말고(물론 그 타이틀을 얻은 분들을 어쭙잖게 비판하기보다는 존경하고 인정하는 게 멋스럽고 필요한 일이다), 나의 일시적 타이틀에 스스로 속지 말고 늘 진정한 절대적 내공을 쌓는 일이 중요하다. 대타의 기회가 왔을 때 주연처럼 해낼 수 있는, 거품에 휩쓸리지 않는 내공을 쌓아두어야 한다.

이렇게 준비해도 실제로 하려고 하면? 심적으로 정말 힘들다. 걱정이 되는 게 정상이다. 그럴 때마다 '저 사람들 앞에서 다 망쳐버리면 어쩌지?'라며 연상회로를 마구잡이로 심지 말고, 여태 쌓아온 내공을 스스로 믿고 떨리는 감정을 잠잠하게 경영하자. 묵묵히, 또 묵묵히.

유튜브의 창업자 스티브 첸Steve Chen은 "모두 다 갖춰서 시작한다는 것은 이미 시작이 아니다"라고 했는데, 이 말은 오늘도 나를 멈추지 않게 한다.

이와 관련하여 큰 교훈을 주신 선배이자 상사였던 이대일 팀장님의 이야기를 잠시 해보겠다.

팀장님은 해외여행 도중에 우연히 보게 된 카드 글귀에 큰 위로를 받아, 한국에 돌아가면 카드를 만들어야겠다는 생각을 하게 되었다. 그런데 팀장님은 디자인의 'ㄷ' 자 옆에도 가본 적이 없는 사람이었고, 포토샵은커녕 그림판도 몰랐다. 그래서 어떻게 할지 고민하다가 엑셀은 써본 적이 있으니, 엑셀로 카드 글귀를 적어 인쇄소에 가져갔다.

그렇게 인쇄하여 포장하고, 바코드를 만들어 카드를 팔러 갔다. 그리고 "이렇게 참신한 디자인은 처음이다"라는 평가를 받고, ○○

문고에서 판매를 시작했다. 『삽질정신』의 저자로서 나는 이것을 삽질정신보다 위대한 '엑셀정신'이라고 명명했다. "나는 포토샵도 못하고, 디자인 전공자가 아니라서 하고 싶지만 할 수 없겠네." 이런 구시렁대는 변명들이 구차하게 들리는 순간이다. 엑셀로 디자인을 하다니!

연상장벽이란 '원래 업계 관례상', '이런 것은 당연히 이렇게 해야지' 하며, 지나치게 프로페셔널해서 그 늪에 빠져 혁신을 일으키지 못하는 것을 말한다. 그래서 가장 무서운 사람이 연상장벽 자체가 없는, '엑셀로 디자인을 하는 사람'이다. 다시 말해, 팀장님은 연역과 귀납의 논리는 몰라도 발상을 하는 사람이었다.

정답이 없는 영역에서 일하면서 늘 마음이 가난한 기획자들에게 스티브 첸의 말을 다시 한번 떠올리라고 얘기해주고 싶다. 100살이 되면 과연 모든 것을 갖출 수 있을까? 가만히 있지 말고, 갖추기 위해 오늘도 한 발짝 정진하는 것이 좋지 않을까?

상황은 늘 변한다. 중요한 것은 '당신의 엑셀정신이 한결같이 지켜지는가'다. 오늘 나의 하루를 어떻게 기획할 것인가? 나의 기분을 어떻게 기획할 것인가? 나와 만나는 사람들의 감정을 어떻게 기획할 것인가? 나에게 주어진 프로젝트를 어떻게 난리 나게 기획할 것인가?

아무것도 가진 게 없는 사람이라고 자책하며 그만둘 것인가, 아무엇도 가진 게 없어도 후달리는 yes로 시작할 것인가? 그래서 오늘도 나는 한다. 할 만해서 하는 게 아니라 그냥 한다. 그리고 결국 하게 된다.

천천히 정상적으로 한 걸음 한 걸음 내딛는 우리를 응원하며 글을 마친다.

이 책이 기획을 시작하는 이들에게
진통제이자 비타민이 되기를 기원합니다

이 책이 나온 지 10년이 된 것을 기념하며 감사 인사와 비하인드를 써보려 합니다. 우선 독자님, 감사합니다. 처음 이 책을 썼을 때 후배 자취방에 얹혀살았습니다. 아주 작은 자취방에서 아주 작은 책상을 후배랑 반반 나눠 쓰며 하루걸러 하루 밤새며 살던 시절입니다. 한번 앉으면 일어나지 않고 잘못된 자세로 퇴고를 너무 많이 한 덕분에 책 완성 후 두 달간 팔이 안 움직였던 기억이 있습니다. 그 후 유증은 지금도 여전한데, 달라진 게 있다면 그때는 아파서 울기만 했다면 지금은 운동을 한다는 겁니다. 그만큼 저는 성장한 걸까요?

이제는 왜 아픈지 원인을 찾고, 그중 제가 할 수 있는 것에 집중합니다. 물론 세상일은 100% 명쾌한 원인과 해결이 없다는 것도 받아들이기에, 우선 제가 찾은 원인과 해결에 집중하다 보면 또 다른 것을 알게 되고 더 개선할 기회가 생기더라고요.

팔이 안 움직일 만큼 처음부터 끝까지 탈탈 털어 고치는 퇴고를 50번 정도 했던 이유는 그때 목표가 딱 하나, 어깨 뽕 빼고 '쉽고 짧게 쓰자'였기 때문입니다. 하지만 이번에 개정판을 내면서 읽어보니 여전히 어깨 뽕이 많더라고요. 말도 많고요, 빼내고 쳐내느라 고생했습니다.

"뽕 하나도 없을 때, 완전무결할 때 출판을 하겠습니다"라고 선언한다면 평생 할 수 없는 일이라, 또 부끄러움을 무릅쓰고 지금까지의 최선을 세상으로 내보냅니다. 2013년의 저에겐 안 보였던 뽕이 2022년의 저에게 보이는 게 성장의 흔적이라 긍정적으로 받아들이면서요.

또한 아기 엄마가 된 지금, 이전 책에 저의 연애사가 너무 많아 실로 경악했습니다. '2013년의 나와 2022년의 나는 이토록 다른 사람이구나.' 개정하며 본문 내용을 50% 이상은 업그레이드했기에 확 다 날리고픈 마음이 들었으나 연애 이야기로 기획을 쉽게 이해할 수 있었다는 리뷰들이 많아 눈물 머금고 저의 흑역사 제 손으로 지켰습니다.

타고난 성향은 기획과 거리가 먼 멍한 인생, 그치만 밥벌이하고자 "저는 못하는데요" 할 수 없는 상황. 그 속에서 고군분투했고 제게 소중했던 정보들을 모아 10년 전 이 책을 냈습니다. 그리고 이 책은 저 같은 분들을 많이 만나게 되었습니다.

제게 잊히지 않는 강렬한 장면이 있습니다. 누군가 찍은 『기획의 정석』 책 사진이었는데 어찌나 낡고 낡았는지. 그렇게 낡을 때까지 반복해서 읽는다는 사실에 꽤 충격을 받았습니다. 어떤 교수님 사무실에 갔을 때 박스째 쌓인 제 책을 보고 이유를 여쭈니, 사무실에 오는 아이들에게 무조건 나눠준다고 하셨습니다. 과연 그렇게까지 할 책일까? 너무 과한 사랑을 받는 건 아닐까? 책 덕분에 많은 도움, 결과물을 얻었다는 소식을 듣습니다. 그분들이 얻은 결과는 책 때문만은 아닐 텐데, 제게 이렇게 문득문득 충격적인 격려자분들이 있었습니다. 이 책을 내고 받은 가장 큰 선물이겠죠.

위와 같은 일들을 겪으며 제 속의 갖가지 마음들이 서로 충돌하여 많이 겸허해지고 조금은 비장해졌던 것 같습니다. 왠지 모를 책임감 때문에 앞으로 10년은 이 자리를 지키고 싶다는 생각을 하며, 다른 길로 가지 않고 책을 기반으로 하여 저는 매일 다른 회사에 가서 강의를 해왔습니다.

그곳에서 감성 천재들을 만납니다. 그들은 섬세하고 감성적이고 디테일해요. 그래서 전체 기획서 구조 잡기나, 한마디 정리를 어려워합니다. "아니, 이 많은 내용을 어떻게 한마디 따위에 정리하나요? 기획서 몇 장으로는 이 느낌 절대 담을 수 없는데요." 맞습니다. 어찌 그걸 다 담나요? 하지만 안 담으면 어찌 또 일이 진행될 수 있을까요? 논리적이지 않은 성향을 가지고 있지만 논리적 문서로 흘

러가는 회사에서 괴로워하는 이들을 만납니다. 그들 속 박신영을 만납니다.

책은 술술 읽히는데 적용은 어렵다는 분들도 만납니다. 제가 코로나로 생애 첫 실시간 온라인 강의를 하게 되어 생전 처음으로 화장을 배우면서 이런 분들의 마음을 절실히 느꼈습니다.

선생님은 "이렇게 쓱, 쓱, 휙, 휙, 하시면 돼요" 합니다. 너무 쉽게 하시는데, 따라 그린 제 눈썹은 너무 웃겼기 때문입니다. 하지만 저는 화면발을 잘 받고 싶었기에 좌절할 시간이 없었습니다. 그분이 이야기하는 눈썹의 3단계(앞, 위, 뒷부분)를 기억하며 매일 연습을 했습니다. 몇 달간은 너무 뚱뚱하거나 너무 길게 늘어진 제 눈썹을 허락하는 시간을 가지며 순간순간 좌절도 했지만, 지금은 제가 봐도 예전보다 훨씬 나아졌습니다.

이렇게 누군가에겐 쉽고 당연한 내용이 나에겐 어렵고 낯설 수 있습니다. 하지만 지금 당연하다는 그 사람도 처음엔 몰랐던 거겠죠. 그러니 부디 분주하고 좌절스런 마음을 안아주시고 스스로 시간을 주며 이 책을 만나길 기원합니다. 한번 보고 어색하거나 잠이 오면 그 부분은 넘기고, 휘리릭 여러 번 보다 보면 처음보다 자연스러워진 자신을 만나게 될 겁니다. 그러니 꼭 어색한 눈썹을 자신만큼은 허락해주는 시간이 필요합니다.

"우선 오늘 한 가지"를 실천하는 자세를 권합니다. 지금 하나 딱 정하세요. 그렇게 한 걸음씩 자기만의 정석을 만들어간다면 저는 또 충격적으로 기쁘겠습니다.

2022년 6월

박신영

기획을 시작하는 사람들을 위한 10가지 습관

기획의 정석 특별판

제안서 작성 6단계 & PPT파일 다운받아 작성

제안서의 정석

핵심 정리 기술 3 & 보고서 필살기 10

한 장 보고서의 정석

주저리주저리를 없애는 도식화 기술 9

산으로 가지 않는 정리법